中国外语教育
跨文化能力教学
参考框架

A Reference Framework for China's Intercultural Competence Teaching in Foreign Language Education

上海外国语大学跨文化研究中心 发布

上海外语教育出版社
外教社 SHANGHAI FOREIGN LANGUAGE EDUCATION PRESS

图书在版编目（CIP）数据

中国外语教育跨文化能力教学参考框架 / 上海外国语大学跨文化研究中心发布. —— 上海：上海外语教育出版社，2022 (2023重印)

ISBN 978-7-5446-7407-2

Ⅰ. ①中… Ⅱ. ①上… Ⅲ. ①英语—教学研究—中国 Ⅳ. ①H319.3

中国版本图书馆CIP数据核字（2022）第219446号

出版发行：**上海外语教育出版社**

（上海外国语大学内） 邮编：200083

电　　话：021-65425300 (总机)

电子邮箱：bookinfo@sflep.com.cn

网　　址：http://www.sflep.com

责任编辑：张熙华

印　　刷：上海信老印刷厂

开　　本：787×1092　1/16　印张 9.25　字数 164 千字

版　　次：2023年1月第1版　　2023年9月第2次印刷

书　　号：ISBN 978-7-5446-7407-2

定　　价：**38.00**元

本版图书如有印装质量问题，可向本社调换

质量服务热线：4008-213-263

项目团队

首席专家：张红玲

项目协调：吴诗沁

项目组成员： 顾力行　迟若冰　翁立平　邓一恒　张晓佳　沈兴涛

姚春雨　虞怡达　蒋　璜　李　芳　索格飞　余敏婧

李湘莲　赵富霞　叶　璺　凌　沁　罗梦超　袁蕊璇

周叶子　庞倩倩　沈　淼

实验组负责人：

- 大学组：蒋　璜
- 高中组：吴诗沁
- 初中组：余敏婧
- 小学组：李湘莲

前言

　　2018年，习近平总书记在全国教育大会上强调，要把立德树人融入思想道德教育、文化知识教育、社会实践教育各环节，贯穿基础教育、职业教育、高等教育各领域，并要求学科体系、教学体系、教材体系、管理体系都要围绕立德树人的目标来设计。2019年，国家启动新文科建设，以促进学科的融合化、时代性、中国化和国际化，构建世界水平、中国特色的人才培养体系和学术话语体系。外语学科兼具工具性和人文性，在培养学生中国情怀、全球视野和跨文化能力方面具有不可替代的优势和潜力，是推进立德树人根本任务和新文科建设的重要力量。

　　如何立足新时代，回应新需求，充分发挥外语学科育人功能，全面实现多重教育目标是外语学科当前亟需解决的重大课题。外语教育的本质是跨文化教育，跨文化外语教育将外语语言能力与跨文化能力的教学有机融合，既关注语言知识和技能的培养，也重视外语学习作为话语建构、多元文化交流互动、知识和视野拓展以及文化身份认同发展的本质特点，其内涵和外延较之传统外语教学更加丰富、深远。

　　跨文化能力作为重要教学内容和目标已被纳入我国大中小学英语学科课程标准和教学大纲。然而，现有标准和大纲对跨文化能力的界定以及对跨文化教学内容和目标的阐述比较模糊，没有提出具体的指标要求。《中国英语能力等级量表》对听说读写译各项语言技能做了科学、详细的分级描述，填补了我国外语能力发展一体化标准的空白，但略显遗憾的是，该量表缺失了对新时代外语教育应该实现的跨文化能力目标的描述。当前，我国广大外语教师普遍认同跨文化能力在外语教育中的重要作用，在教学实践中却因为得不到教学指南的支持，而呈现出茫然无措、各行其是的现状。

　　为满足一线教师跨文化能力教学的需求，顺应新时代外语学科立德树人和新文科建设的发展趋势，上海外国语大学跨文化研究中心张红玲教授团队自2017年以来致力于探究我国外语教育语境下跨文化能力教学的内容、目标和方法。开发中国学生跨文化能力发展一体化模型（Integrated Model for Chinese Students' Intercultural Competence Development, IMCSICD）（张红玲、姚春雨 2020）是本项目第一阶段的研究成果，IMCSICD模型从中国国情出发，面向未来世界，基于多元文化的生活和工作语境，强调在外语教育中同步发展学生的外语能力和跨文化能力，将两者融合贯穿于大中小学外语教学中，以促进学生的社会参与和个人发展，培养国家栋梁和全球公民。IMCSICD模型包括认知理解、情感态度、行为技能3个维度。其中，认知理解维度包括世界各国文化知识、中国文化知识和普遍文化知识3个要素；情感态度维度包含尊重、包容、理解、欣赏、自我认知、国家认同、全球视野、国际理解等8个要素；行为技能维度包括聆听、观察、描述、比较、交流沟通、冲突管理、反思评价、学习创新等8个要素。IMCSICD模型是研究团队先期为研制跨文化能力教学参考框架开发的理论模型，经过多轮教学实验和多届"外教社杯"全国高校学生跨文化能力大赛的应用，其有效性和适切性得以验证。

项目团队在第二阶段，运用中国学生跨文化能力发展一体化模型，借鉴教育目标分类学和发展心理学研究成果，对照我国义务教育和高等教育英语课程标准或教学指南，深入大中小学调查研究、课堂观摩，组织专家焦点访谈、征询意见，基于多轮教学实验论证、完善教学内容和目标，最终研制完成了中国外语教育跨文化能力教学参考框架。本参考框架从学生能力发展视角出发，对大中小学各学段外语教学中跨文化能力教学的内容目标进行了界定和描述，确定了认知理解（外国文化知识、中国文化知识、普遍文化知识）、情感态度（文化意识、国家认同、全球视野）、行为技能（跨文化体认、跨文化对话、跨文化探索）3个维度、9个要素的结构框架，每个要素按照小学、初中、高中、大学进行梯度划分和能力描述。希望参考框架的推出能为广大一线外语教师立足外语课堂、开展外语语言能力教学与跨文化能力培养有机融合的跨文化外语教育提供一定的指导和参考，从而切实推进外语学科核心素养教育，践行立德树人根本任务。

跨文化能力教学参考框架是研究团队过去五年跨文化外语教学研究的成果，填补了这一领域的空白。然而，我们深知跨文化能力是一个内涵丰富、极为复杂的概念，同时，我国的外语教学涉及群体多元，地区差异大，要研制一个适用于各个学段、所有学校师生的教学参考框架是不现实的。本参考框架是在我国现行的义务教育和高中及大学英语课程标准、教学指南的框架下研制的，但其适切性和有效性的验证均在上海的学校完成，实验范围不够广泛。研究团队接下来将继续以此框架为基础，与全国各地学校合作，开展更大范围的应用和实验，进一步完善和验证参考框架，同时基于这一教学参考框架开展跨文化能力教学方法和教学评价的研究。

在历时五年的项目研究过程中，孙有中、宋莉、颜静兰、戴晓东、窦卫霖、彭仁忠、吴卫平、Darla Deardorff、Anthony J. Liddicoat等国内外跨文化研究学者给予了团队专业指导和学术支持。同时，参考框架研制项目是上海外语教育出版社的重点委托课题，也得到了上海市英语教育教学研究基地的立项支持。对来自各方的支持，在此一并感谢！

目录

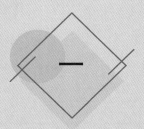

参考框架研制过程

发端于学习科学的教育设计研究（Educational Design Research）是本项目研究的方法论依据，其目的是创造新的理论、产品和实践，并用其解释、影响自然环境下的学习和教学（Barab & Squire, 2004）。本研究遵循教育设计研究原则和方法，从现实教学需求出发，运用中国学生跨文化能力发展一体化模型，借鉴教育目标分类学和发展心理学的研究成果，基于文献研究和调查研究构建大中小学一体化跨文化能力教学初始框架，然后通过焦点访谈征询意见、教学实验验证其适切性和有效性等方法，对其进行反馈修改，验证完善。具体研究过程见图1。

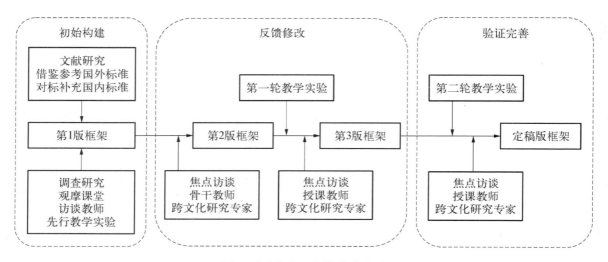

图1　参考框架研制技术路线图

第一阶段：初始框架建构

首先，梳理学习11个世界各国或国际组织研制和使用的跨文化能力教学相关指标体系、课程标准或参考框架，重点参考了美国的 *The NCSSFL-ACTFL Can-Do Statements*（ACTFL 2017）、欧洲理事会（Council of European, COE）的 *Common European Framework of Reference for Languages: Learning, Teaching, Assessment: Companion Volume with New Descriptors*（2018）、澳大利亚课程评估报告管理局（Australian Curriculum, Assessment and Reporting Authority, ACARA）发布的 *Intercultural Understanding Learning Continuum*（2016）以及经济合作与发展组织（Organization for Economic Cooperation and Development, OECD）发布的 *PISA Global Competence Framework*（2018）。这些国外文献对建构我国跨文化能力教学参考框架的形式和内容具有重要的启发和借鉴意义。

其次，鉴于跨文化能力教学参考框架是在我国现有各学段英语教学课程标准和教学指南框架下进行开发，团队研读了当前通行的3个文件，即《义务教育英语课程标准》《普通高中英语课程标准》和《大学英语教学指南》，重点理解其中有关跨文化能力的内容要求。3个文件均在课程定位、教学目标等模块提及跨文化能力的培养，但都没有对跨文化能力教学的具体内容和目标进行描述，本研究希望在各级教学标准和指南的框架下，弥补这一不足。

此外，为了了解各学段教育教学环境、英语和文化教学现状以及师生课堂行为特点和教学风格，研究团队走进学校，观摩课堂，并与教研室负责人和骨干英语教师座谈交流，还借助学校拓展课程的平台，开设课程，进行先行教学实验，与学生零距离互动。由此获得的一手资料有助于团队把握不同学段学生的特点、需求以及教师教学现状、风格。

基于以上文献研究和调查研究的发现，运用研究团队先期开发的中国学生跨文化能力发展一体化模型，团队建构了初始的第1版参考框架，确定了小学、初中、高中、大学4个学段，认知理解、情感态度和行为技能3个维度，以及中国文化知识、外国文化知识、普遍文化知识、尊重包容、理解欣赏、自我认知、国家认同、全球视野、国际理解、聆听与观察、描述与比较、交流沟通、冲突管理、反思评价、学习创新等15个要素的框架，并形成了每个能力要素在不同学段的教学内容目标的描述。

第二阶段：反馈修改

第二阶段采取焦点访谈和教学实验相结合的方法对初始框架进行反馈、论证和修改。首先，组织3场分别由跨文化研究专家、大中小学骨干英语教师、学校分管领导和教研室负责人参加的焦点访谈，邀请他们对初始框架的结构、要素和各项具体内容目标提出意见和建议。

研究团队根据各方的反馈，进一步厘清了文化自我认知（cultural self-awareness）、全球视野（global mindedness）等概念的内涵和表述，修改了内容目标描述语，例如，在小学阶段外国文化知识内容目标中，增添衣食住行、地标建筑、历史名人等具体内容；调低小学阶段国家认同内容目标的难度，将描述语修改为理解和认同自己的家乡；在反思评价要素中，考虑到小学生的认知思辨能力水平，强调教师引导为主。基于这些修改，研究团队完成了第2版参考框架。

接下来，以第2版参考框架为依据，研究团队在上海两所小初高一贯制学校，以四、六、七、十、十一等5个年级、各一个班级的学生为对象，设计课程，开展了一个学期的跨文化能力教学实验。实验结束后，根据实验过程中收集的课堂观察、师生反馈和访谈等数据，组织第二轮包括跨文化研究专家和授课教师的焦点访谈，运用教育目标分类学中认知、情感、技能3个能力维度的描述词，对参考框架进行讨论修改，形成了第3版参考框架，将认知、情感和技能三个维度对应的15个要素调整为9个，即（1）认知理解维度：外国文化知识、中国文化知识、普遍文化知识；（2）情感态度维度：文化意识、国家认同、全球视野；（3）行为技能维度：跨文化体认、跨文化对话、跨文化探索。

第三阶段：验证完善

基于第3版参考框架，研究团队开展了第二轮教学实验，进一步验证该框架应用于课堂教学的有效性和适切性。此轮教学实验选取了3所学校的5个班级，包括中小学的四、七、十年级以及大学本科二年级和研究生一年级，覆盖大中小学各个学段。此轮教学实验时长也是一个学期，但在总结前面一轮教学实验经验的基础上，本轮实验的准备更充分，设计更严谨。每个实验班级配主讲教师1名，课堂观察研究者1名，助教1名。第三阶段历时一年半，经历了研读理解参考框架、调研了解教学对象、讨论拟定教学大纲、开发设计教学活动、组织实施课堂教学、观察反思课堂教学、评估反馈教学效果、总结撰写实验报告、修改完善参考框架等一系列步骤和整个闭环过程。

综合课堂观察、课后问卷、师生访谈、跨文化能力和英语能力前后测以及学生档案袋等数据分析，各学段学生跨文化能力均有显著提升，特别是在文化知识、对异文化的尊重欣赏、共情力以及文化意识和反思方面效果明显。结果还显示，基于第3版设计的各学段跨文化能力教学活动符合学生的认知水平和学习风格，学生们表现出很高的文化学习热情和兴趣，同时还提高了学生英语学习的兴趣，激发了他们使用英语表达思想、参与交流的积极性。这些发现在很大程度上验证了教学参考框架应用于课堂教学的有效性与适切性。

最后，研究团队再次组织跨文化研究学者和授课教师开展焦点访谈，针对本轮教学实验中教师反馈的能力目标描述语要求过高或过低等表述问题进行讨论。同时，进一步对照新修订的《大学英语教学指南》（2020版）中的相关描述以及《普通高中英语课程标准》（2017版）和最新颁布的《义务教育英语课程标准》（2022版）中的文化意识学段目标、文化意识学段分项特征、文化知识内容要求、英语学科核心素养水平划分、学业质量水平等相关内容，对第3版参考框架进行修订，形成了跨文化能力教学参考框架的最终版（见第8页表1）。

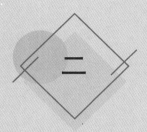

中国外语教育跨文化能力教学参考框架

表1　中国外语教育跨文化能力教学参考框架

中国外语教育跨文化能力教学参考框架				
能力维度 ＼ 学段		小　学	初　中	高　中	大　学
认知理解 Knowledge	外国文化知识 Foreign Cultural Knowledge	K-FCK-1知道教材涉及的外国文化产品，如主要节假日、特色饮食、重要历史人物等；理解所学外语的日常交际用语及其语用规则	K-FCK-2知道教材涉及的外国文化产品及其渊源，如历史事件、神话故事等；理解所学外语中词汇的文化内涵及不同情境中的语用规则；了解教材涉及的文化群体的生活方式、交际风格、思维方式、价值观念等	K-FCK-3基本了解教材及阅读中涉及的世界各国历史地理、社会文化、政治经济、文学艺术等知识；理解所学外语中词汇、俗语、典故等的文化内涵；深入了解教材涉及的文化群体的生活方式、交际风格、思维方式、价值观念等	K-FCK-4了解世界各国历史地理、社会文化、政治经济、文学艺术等知识；理解外语语篇包含或反映的社会文化现象；广泛、深入了解世界不同文化群体的生活方式、交际风格、思维方式、价值观念等
	中国文化知识 Chinese Cultural Knowledge	K-CCK-1在学习外国文化知识过程中，了解中国代表性的文化产品及其特点，如主要节假日、特色饮食、传统服饰、重要历史人物等；知道家庭、学校和社会的行为规范和礼仪，了解社会主义核心价值观	K-CCK-2在学习外国文化知识过程中，了解中国历史文化、民族英雄、传统艺术、名胜古迹等；了解中国各地各民族的生活方式、社交礼仪、风土人情等，理解社会主义核心价值观	K-CCK-3了解中国历史脉络及各时期重要事件、代表性人物、经典文学艺术作品等；了解当代中国社会、政治、经济和科技发展情况；了解中国各文化群体的交际风格和思维方式，深入理解社会主义核心价值观	K-CCK-4熟悉中国历史、传统文化、哲学思想、经典著作等；了解当代中国在世界政治、经济、科技发展中扮演的重要角色及其对全球治理的贡献；认识中国文化多样性，深刻理解社会主义核心价值观
	普遍文化知识 General Cultural Knowledge	K-GCK-1初步知道文化是什么，了解衣食住行、社交礼仪、社会禁忌等文化内容	K-GCK-2基本理解交际风格、思维方式、价值观念等概念；了解语言交际和非语言交际在跨文化交际中的作用；初步理解人类命运共同体的概念及全人类共同的文化价值观	K-GCK-3深入理解文化的内涵及其与语言的相互作用关系；了解刻板印象、文化中心主义、文化休克等概念及其对跨文化交际的影响；理解人类命运共同体的概念以及全人类共同的文化价值观	K-GCK-4认识世界语言多样性和文化多样性及其意义；掌握跨文化交际、文化价值观、文化身份认同等理论；深入理解人类命运共同体的理念及人类共同价值

表1-1

中国外语教育跨文化能力教学参考框架				
能力维度＼学段		小　学	初　中	高　中	大　学
情感态度 Attitudes	文化意识 Cultural Awareness	A-CA-1对不同文化心怀好奇，愿意学习、探索中外文化；有兴趣了解自己在家庭、学校等社会群体中的身份角色及相应的语用规则和行为规范；不惧怕与不同文化的人互动交流，尝试理解对方感受	A-CA-2对不同文化持开放、包容的态度，乐于了解文化差异；有意识学习并遵守自己所属社会群体的行为规范；积极主动探索和学习中外文化，勇于和不同文化的人互动交流，有意识照顾对方感受	A-CA-3对不同文化持尊重、理解的态度，欣赏文化多样性；基于对中国历史文化的理解，形成较强的中国文化身份意识；愿意与不同文化的人相处与合作，具备基本的同理心	A-CA-4尊重文化差异，主动换位思考；基于对中国历史文化和当代中国发展的认识，深化中国文化身份的理解；乐于和不同文化的人相处与合作，具备较强的同理心
	国家认同 National Identity	A-NI-1有兴趣了解中国及其民族，乐于学习中国历史文化，关注当代中国发展，增强祖国意识和民族自豪感	A-NI-2乐于了解中华优秀传统文化和中国发展成就，感悟其精神内涵，形成较强的民族自尊和文化认同	A-NI-3积极关注当代中国及其在世界政治、经济、科技发展中所扮演的角色及面临的挑战，乐于用所学外语讲述中国故事，体现中国文化自信	A-NI-4积极参与中外人文交流，勇于应对国际交往中对中国的偏见、误解和质疑，传播中国声音，增进国际理解，体现家国情怀和使命担当
	全球视野 Global Mindedness	A-GM-1对国内外发生的重要事件有好奇心，有兴趣了解世界各国文化和人类文明发展，认识"地球村"的概念和意义	A-GM-2在学习中国文化和外国文化过程中，积极探究文化异同，理解和欣赏世界文化的多样性和相通性，关注全球问题	A-GM-3乐于关注当今世界发展动态，了解人类社会面临的全球问题，在不断丰富世界文化知识的基础上，增强国际理解力和竞争力	A-GM-4认识全球化和国际化的时代意义，认同人类命运共同体理念，有志于代表国家参与国际合作和全球治理

表 1-2

中国外语教育跨文化能力教学参考框架				
能力维度＼学段		小　学	初　中	高　中	大　学
行为技能 Skills	跨文化体认 Intercultural Experiencing	S-IEr-1能观察和辨识家庭、学校、社会中衣食住行等的异同，并能用外语简单描述	S-IEr-2能观察和辨识家庭、学校、社会中衣食住行及社会习俗、社交礼仪等的异同，并能用外语描述和比较；能倾听他人的文化故事，通过观察、思考初步形成对不同文化的认知理解	S-IEr-3能用心倾听他人文化故事，仔细观察、积极思考，形成对不同文化的认知理解；能用外语描述和比较不同文化群体在文化行为、思维方式等方面的异同	S-IEr-4在广泛接触和学习世界文化的基础上，加深对中外文化的理解，逐步提升跨文化思辨能力；能用外语深入描述、分析和比较不同文化群体在思维方式、价值观念等的异同
	跨文化对话 Intercultural Dialogue	S-ID-1能用外语做自我介绍，并就日常学习、生活等主题与不同文化的人礼貌、得体地交流互动	S-ID-2能用外语讲述自己的文化故事，并能自信地与不同文化的人就日常学习、生活等主题进行交流互动，表达思想和观点；能冷静面对、简单分析人际交往中的误解和冲突	S-ID-3能用外语讲述中国文化故事，并与来自不同文化的人较深入地交流思想和观点；在跨文化交际中遇到误解和冲突时，尝试从文化差异角度分析并解决问题	S-ID-4能用外语与不同文化的人进行跨文化对话；遇到跨文化误解和冲突时，能从文化差异角度分析问题，积极采取应对策略解决问题，并建立与维护和谐关系
	跨文化探索 Intercultural Exploration	S-IEl-1能在教师指导下，通过图片、歌曲、动画、书籍、报刊等了解中外文化；能初步反思自身跨文化交际行为和学习经历	S-IEl-2能通过书籍、报刊、新媒体等渠道获取文化信息，认识不同文化；能通过合作学习，与同伴分享文化故事，交流学习体验；能比较深入地反思自身跨文化交际行为和学习经历	S-IEl-3能就感兴趣的文化现象自主查找、获取相关信息，进行探索式学习；在深入反思自身跨文化交际行为和学习经历的基础上，基本掌握跨文化交际的普遍原则和一定学习策略	S-IEl-4经过反复实践、总结、反思和评价，掌握并能在实践中灵活应用跨文化交际的普遍原则；能自主探索陌生文化，形成一定的文化研究意识和能力

表1-3

参考框架的内容解读

　　参考框架根据我国英语教学的学制安排，按照小学、初中、高中和大学4个学段，对跨文化能力教学的内容目标进行界定和描述，包括认知理解、情感态度和行为技能3个维度和外国文化知识、中国文化知识、普遍文化知识、文化意识、国家认同、全球视野、跨文化体认、跨文化对话和跨文化探索9个要素。具体内容解读如下：

1. 认知理解维度

认知理解维度主要是指教材和课堂上涉及的具体国别文化和各类群体亚文化的事实性知识和概念性知识，可分为文化产品、文化行为和文化思维。外国文化和中国文化在跨文化外语教学中因为共性和差异并存，两者通过文化间性，形成一种比较、对话、互看的对立又统一的关系，外国文化和中国文化的教学不可分割。参考框架将两者分开处理，是为了凸显外语教学对于促进学生感知理解中国文化、反思深化自己的中国文化身份认同的特殊作用。除了具体国别知识以外，为了帮助学生理解多元文化语境中人与人之间相处、交流与合作的普遍规律，培养自主学习和探索世界各国文化的能力，跨文化能力教学还涉及普遍文化知识，包括文化模式、文化心理、价值观念、身份认同、跨文化接触、人际关系、交际风格、冲突管理等概念和理论。

参考框架在认知理解维度的基本原理是：大中小学学生作为具有中国文化身份的人，在外语学习过程中通过教材和课堂教学语料，接触到世界各国各地区的文化，通过教师的课堂话语和教学活动的引导，学习和理解这些文化产品、文化行为和文化思维，同时，唤醒对自身文化的反思，增强对文化差异的认知，从而促进他们对普遍文化知识的理解，形成较强的批判性文化意识。

跨文化教学从接触和感知多元文化、理解自身文化与其他文化异同开始，因此认知理解维度的教学是跨文化能力教学的基础。

2. 情感态度维度

情感态度维度包括文化意识、国家认同和全球视野3个要素。"文化意识"涉及学生文化学习和探索的兴趣以及对文化差异的意识和敏感性，"文化意识"的教学就是要激发学生对不同文化的好奇心及乐于学习和探索的意愿，培养他们开放、包容、尊重、理解、欣赏的情感态度，增强他们从文化差异的角度看待问题、分析问题和解决问题的意识。

"国家认同"关乎学生个体的文化身份认同发展。外语教育中的语言文化教学能够影响学习者的身份认同（高一虹等，2003；高一虹、周燕，2008），跨文化能力教学可以利用学生接触和学习外国文化、进行文化比较和对话的机会，鼓励他们去反观自己的文化，去探究博大精深的中国文化，从而培养他们既对自己的中国文化身份高度自信和认同，也对世界其他文化持尊重、理解和欣赏态度的融合型身份认同。通过外语教育中的跨文化能力教学，为学生扎下文化之根、注入民族之魂对于他们在多元文化语境下与人相处与合作至关重要。

"全球视野"对接的是全球公民教育，旨在引导学生在欣赏世界文化多样性的基础上，理解人类共同价值，关注全球性问题，理解构建人类命运共同体的意义，为今后代表我国参与全球治理做好准备。

情感是人们对客观事物的一种态度，是人的精神生活的核心。人与人之间的交往从本质上讲是一种情感活动，仅从文化知识层面开展教学不可能培养跨文化能力，情感态度的培养应该成为跨文化能力教学的重点。

3. 行为技能维度

参考框架从文化接触、文化互动和文化探索3个层面描述跨文化能力教学的行为目标，分别对应跨文化体认、跨文化对话和跨文化探索3个要素。"跨文化体认"的要求是学生积极参加和体验跨文化交际，在接触不同文化现象和群体时，要善于捕捉、观察，要能够描绘、讲述自己关注到的文化内容和现象。

"跨文化对话"关注的是学生与不同文化群体之间的互动和交流，要求学生在互动交流过程中，既能倾听、理解他人的思想，也能陈述、表达自己的观点，遇到误解时，能够从文化差异角度去分析和理解，并采用积极合理的策略消减误解，促成有效交际，维持和谐关系。

"跨文化探索"是对学生自主学习和探索文化的要求。跨文化能力作为一种人文素养需要学生在长期的学习和实践中不断发展，外语课堂教学受时空限制不可能穷尽所有必备知识和技能，因此在跨文化能力教学中强调培养学生勇于探索、善于反思、敢于创新的跨文化自主学习能力非常重要。

内化于心，外化于行，在跨文化能力教学中，跨文化行为技能的提高是目标。

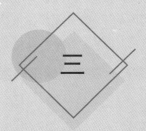

跨文化能力教学参考框架的使用原则

研制跨文化能力教学参考框架的目的是服务课堂教学需求，为教师的跨文化能力教学实践提供切实的指导和参考。下面基于参考框架的特点，阐述参考框架的使用原则。

1. 外语能力与跨文化能力在教学中有机融合，相辅相成，同步发展。

语言与文化密不可分的关系决定外语教育的本质就是跨文化教育，外语教学是跨文化能力培养的最佳平台，而跨文化教学能够增强学生外语学习的兴趣和学习效果，两者相辅相成，相互促进。本框架中跨文化能力教学3个维度和9个要素的内容目标都是基于外语教育语境，强调在听、说、读、写、译等语言教学活动中，融入跨文化能力教学的内容，或在跨文化能力教学活动中，通过使用外语阅读文本，表达思想，进行对话，撰写反思，促进外语语言能力的提高。

2. 以文化知识的教学为基础，跨文化情感态度的培养为重点，跨文化行为能力的培养为目标。

跨文化学习从文化接触开始，教师要为学生提供必要的文化输入，为他们感知不同文化特点、理解文化差异提供丰富的文化语料，这符合很多师生的学习和教学习惯。但是，跨文化能力教学不能只停留在认知理解层面，在感知和理解多元文化的基础上，培养学生对世界其他文化开放、包容、尊重、理解和欣赏的态度，同时增强他们对中国文化的认知理解和自信认同，是跨文化能力教学的重点，也是实现提高学生跨文化交际行为技能目标的关键。在实际教学中，三者之间并非总是线性排列，而是常常重叠交织，共同构成跨文化能力教学不断循环的系统。

3. 将中国文化和外国文化作为跨文化能力教学的两个支点，在比较和对话中，发展学生既对中国文化认同自信又对世界其他文化尊重理解的融合式身份认同。

跨文化能力教学与当前我国大力推进的"新文科"建设和课程思政教育的目标高度契合。"新文科"建设的一个核心任务是通过教学目的转换和教学理念的更迭，培养思想观念正确、具有很强的思维能力和适应未来社会发展的知识结构的社会主义建设者和接班人（刘建军，2021），应该基于中国文化来立德树人，通过文化认同，培植文化自信（陈凡、何俊，2020）。外语教育中的跨文化能力教学可以通过中外文化比较和对话，帮助学生以他者视角认识自我，深化对中国文化的理解，增强对中国文化的自信和认同，也可以通过大量的跨文化交际实践活动，提高学生的外语语言能力和话语思辨能力，从而提升他们讲述中国故事的能力和国际传播能力。

4. 跨文化能力发展具有阶段性和长期性，也存在一定的地域和学校差异，跨文化能力教学不能好高骛远，也不能千篇一律，应以参考框架为依据，根据学校的实际情况以及具体课程的定位和学生的特点，合理设置每个学校、每堂课、每个活动的教学目标和任务。

本框架按照小学、初中、高中和大学4个学段由低到高，对跨文化能力教学的内容目标进行界定和描述，形成了一个一体化的教学参考框架，对各学段的跨文化能力教学都能起到良好的参考作用。参考框架是参照义务教育以及高中和大学阶段的英语课程标准或教学指南研制完成的，虽然考虑到各级各类学生的普遍需求，但由于各地学生的外语水平、文化资源和学习特点不同，教师们教授的课程类型也不尽相同，使用参考框架时应采取灵活性和语境化的原则。具体到每门课和每次课，教师们需要根据课程要求和教材内容，根据参考框架的相应内容，合理设计更加细化、可实现的内容目标，切忌生搬硬套参考框架的内容，或采用宽泛抽象的目标描述。

5. 重视学生作为"文化的人"所拥有的独一无二的文化体验和文化背景，就地取材，设计跨文化能力教学活动。

跨文化教育是关于人的世界观、价值观、生活方式和思维方式的教学活动，与教学对象的过往经历和现实生活密切相关，任何一个文化教学的内容和活动都有可能激发学习者作为"文化的人"的思考和讨论。在跨文化教学中，学生既是学习的主体，也是学习的资源，教师可以利用班级不同背景学生组成的自然的多元文化语境，组织文化故事分享、思想观点交流、跨文化对话等活动，这是跨文化教学区别于其他学科教学的一个本质特点。

6. 跨文化能力教学应该将课堂延伸到课外，将学校延伸到社会。

从可行性来看，学校的课外活动和学生的校外生活经过教学设计，都可以成为实现跨文化能力多维目标的教学资源和教学活动平台。从必要性来看，外语课堂教学的时间非常有限，教师利用有限的课堂教学时间对学生进行语言文化知识的传授以及跨文化意识和文化思辨能力的培养，而提高学生跨文化情感态度和行为技能所需的大量体验和实践活动，仅依靠课堂和学校是远远不够的，需要教师通过作业布置和实践活动设计，发挥课外和校外的跨文化教学资源和教学潜力。

总之，中国外语教育跨文化能力教学参考框架强调语言教学与跨文化能力培养相互促进的关系，强调从学生自身文化背景和经历出发，发展学生中国文化身份认同和全球公民意识，强调跨文化认知理解、情感态度和行为技能的全面发展，强调校内校外和课内课外相结合开展跨文化能力教学的重要性。由此看来，外语教育中的跨文化能力教学与课程思政和核心素养教育目标一致，是外语学科对接立德树人根本任务的重要途径。

跨文化能力教学的内容框架

中国外语教育跨文化能力教学参考框架是从学生学习视角出发，界定和描述不同学段学生应该具备的跨文化能力水平，因此可以理解为跨文化能力教学的目标框架。为了便于教师全面理解跨文化能力教学的丰富内涵，促进教师基于校本教材和外语课堂自主开展跨文化能力教学设计，研究团队基于跨文化能力教学参考框架，从教师教学需求视角出发，提炼出一个跨文化能力教学的内容框架（见表2）。

表2　跨文化能力教学内容框架

内 容 维 度		内 容 阐 释
认知理解	文化产品	帮助学生了解不同文化群体所创造的衣食住行等物质文化产品，以及文学艺术等非物质文化产品。
	文化行为	帮助学生了解不同文化群体所遵循的言行方式，包括语言交际行为和非语言交际行为，如交际风格、语用规则、文化禁忌、手势、体态以及对时间和空间的态度与使用等。
	文化思维	帮助学生了解不同文化群体的世界观、价值观、思维方式、信念信仰等；理解这些文化观念对群体成员言行的作用及其在文化产品中的体现。
情感态度	我与他人	帮助学生认识个体作为"文化的人"，其言行受文化影响的本质特点；理解个人与他人之间既有共性又有差异、既独立又关联的关系；培养学生对他者文化开放和尊重的态度。
	我与国家	深化学生对"我与社会"和"我与祖国"关系的认识；增强学生对自己作为中国人的认知和认同。
	我与世界	引导学生关注命运与共的人类社会，关心全球性问题和挑战；鼓励学生与不同文化背景的人们广泛交流，促进国际理解；激发学生树立为构建人类命运共同体做贡献的理想和信念。
行为技能	基本技能	培养学生在跨文化和多元文化语境中善于倾听、观察和描述的技能；帮助他们提高跨文化比较和对话的能力。
	交流互动	培养学生在跨文化交际中运用语言和非语言手段进行有效、恰当交流的能力；帮助学生增强积极应对误解和冲突、善于协调和解决问题的能力。
	思辨创新	增强学生在跨文化学习中不断反思和审视自己言行的意识；提高学生在跨文化交际实践中进行独立思考、形成个人判断的能力；培养学生勇于探索、善于创新的跨文化自主学习能力。

相较于跨文化能力教学参考框架，跨文化能力教学内容框架在认知理解、情感态度和行为技能3个维度保持不变，但其对应的教学内容要素的表述不同。从教师开展跨文化能力教学设计的需求出发，我们将认知理解分为文化产品、

文化行为和文化思维3个要素，这3个要素与参考框架的外国文化知识、中国文化知识和普遍文化知识3个要素结合起来，形成了认知理解维度教学内容目标的纵横坐标系统。同样，在情感态度维度，内容框架使用了我与他人、我与国家、我与世界3个内容要素，有利于教师确定教学内容，开发教学资源，设计教学活动，同时结合参考框架确定的文化意识、国家认同和全球视野的教学目标，可以更好地理解和推进跨文化情感态度的教学。就行为技能维度而言，基本技能、交流互动和思辨创新构成的跨文化能力教学内容，与参考框架提出的跨文化体认、跨文化对话、跨文化探索的教学目标，为教师理解和开展跨文化行为技能的教学提供了多维全面的参考。

五

跨文化能力教学案例

跨文化能力教学参考框架旨在服务外语课堂教学，助力广大教师在外语教学中融入跨文化能力教学。研究团队在研制参考框架过程中，开展了多轮教学实验，积累了丰富的跨文化能力教学案例。本节选取小学、初中、高中和大学学段各一个教学案例，从教学目标、教学活动、教学步骤、课后拓展、教学反思等角度阐述跨文化能力教学理念和教学方法，并特别说明教学活动的设计与跨文化能力教学参考框架中的能力目标和内容模块如何对接。

（一）小学跨文化能力教学案例：What's Your Lucky Number?

本教学案例选自研究团队开发的小学《英语口语与跨文化交际》拓展课程，教学对象为小学三年级学生，教学时长为40分钟。根据三年级学生认知水平、英文能力及其生活阅历等，本节课选定了学生较为熟悉和喜欢的数字主题。通过跨文化对话、小组调查、抢答游戏、微型讲座等教学活动，层层递进，引导学生由浅入深地理解和思考数字背后的文化意义。

1. 教学目标 Teaching Objectives

通过本节课的学习，学生能够：

（1）在认知理解维度，了解中美特殊数字及其背后的文化知识；

（2）在情感态度维度，通过中美数字文化比较，激发探索文化差异的兴趣，增强文化学习的意愿；

（3）在行为技能维度，发现不同文化特殊数字及其文化内涵的不同，能用简单的英语描述中美文化中的特殊数字及其差异，在教师引导下反思自己和同学或亲人对特殊数字的态度。

对接"跨文化能力教学参考框架"		对接《义务教育英语课程标准》
能 力 目 标	内 容 模 块	主 题 语 境
1. 认知理解：中国文化知识、外国文化知识（K-FCK-1；K-CCK-1） 2. 情感态度：文化意识、国家认同（A-CA-1；A-NI-1） 3. 行为技能：跨文化体认、跨文化对话、跨文化探索（S-IEr-1；S-ID-1；S-IEl-1）	1. 认知理解：文化行为、文化思维 2. 情感态度：我与他人、我与国家 3. 行为技能：基本技能、交流互动	人与社会——历史、社会与文化

2. 教学活动 Teaching Activities

本次课程教学活动以教学目标为导向展开设计，主要包含四个教学活动：跨文化对话、小组调查、抢答游戏、微型讲座。其中，跨文化对话主要用于热身引入环节，小组调查、抢答活动为主要的探索体验活动，微型讲座用在总结引申环节中，总结并升华本节课话题。各教学活动之间逻辑清晰，主次分明。以下简要概述本课程中教学活动的运用情况。

（1）互动对话（Pair-work Dialogue）

互动对话活动主要指教师与学生、学生与学生，就话题用本节课的高频词汇（如 lucky, unlucky 等）、句子或句型（如 What is your lucky/unlucky number?/ My lucky/unlucky number(s) is/are ...），进行简单的交流和互动，从而帮助学生练习，以巩固语言知识，为更好地参与探索体验环节的活动做准备。

（2）小组调查（Group Survey）

小组调查活动在热身引入环节后直接开展。本活动利用教育戏剧策略如"教师入戏"，引领学生开展活动。教师率先扮演起小组调查活动总评审官，将学生引入小组调查情景，让学生分别扮演小组调查员和被调查者，围绕课题话题"What's your lucky number?"展开活动。通过参与活动，让学生有平台锻炼英语口语，并能联系自身生活或学习经历，开始反思自己为什么会认为某一或某些数字是自己的幸运数字或倒霉数字。

（3）抢答游戏（Quick-answer Game）

抢答活动是基于小组调查活动的引申类活动，以期帮助学生学习实现从个体视角向社会视角的过渡。抢答活动本身主要以小组竞赛评分制的形式展开，针对教师提出的问题，每组学生抢答，回答正确者加分，回答错误不加分。本部分抢答主要让学生基于自身现有知识、学习或生活阅历等，思考和回答"什么数字在中国受欢迎或不受欢迎，为什么？"在本次课中，抢答共计2轮。第一轮围绕"什么数字在中国受欢迎或不受欢迎？"展开；第二轮围绕分析这一现象背后的原因展开。

（4）微型讲座（Mini-lecture）

微型讲座旨在帮助丰富学生在中美对待特殊数字方面的文化知识，并以此为基础，引导学生再次对小组调查和抢答活动中的问题进行反思、自我探索和总结。通过微型讲座，教师对本话题做总结与升华，并激发学生课后进行自主文化学习。

3. 教学步骤 Teaching Steps

Activity 1 Pair-work Dialogue (10 mins)

> **Purposes**

- To lead students into today's topic.

- To help students learn or review and practice related words and sentences to prepare them to take part in the following activities.

> **Steps**

Step 1:

Students in each group are required to number off from the right in English;

Step 2: Learn and practice

(1) Based on the topic, some keywords and sentence structures are introduced to the students.

(2) Students practice words and sentences through simple dialogues with the teacher first and then with other students.

Activity 2 Group Survey (15 mins)

> **Purposes**

- To facilitate and better promote the development of the teaching activity.

- To find out how the activity is going among each group and provide assistance and guidance if necessary.

- To summarize students' findings and also prepare students for the upcoming activities.

> **Steps**

Step 1: Before the activity

(1) Students are divided into 3 groups with 2 group leaders for each group. The group leaders are also today's interviewers;

(2) The classroom is rearranged with each group sitting around "a round table";

(3) rules are explained, related materials (survey cards) are handed out to the participants;

Step 2: During the activity

(1) Students start playing their roles (as interviewers or interviewees) to finish their group tasks;

(2) The teacher joins the three groups at random. Guidance is given when necessary;

Step 3: After the activity

(1) Each group is required to send a representative to present their findings;

(2) The teacher then asks the whole class why they consider (1/6/...) as their lucky/unlucky number. The teacher chooses some keywords from students' answers, and then writes them down on the blackboard.

Activity 3 Quick-answer Game (5 mins)

> **Purposes**

- To guide students to think over similar questions from a broader perspective.

- To find out how the activity is going among each group and record students' thinking processes.

- To wrap up the activity.

> **Steps**

Step 1: Presenting the questions

Following the questions asked in the group survey, the teacher continues presenting the other 2 questions: According to your observation, what numbers are the most popular in China? / What numbers are the least popular in China? Why?

Step 2: Quick answering

(1) As students raise their hands rushing to answer the questions, the judge gives points for their answers (students take turns to be the judge in this activity);

(2) At the same time, the teacher again picks some keywords out from their answers and writes them down;

Step 3: Announcing the winner

With the activity coming to an end, the judge announces the winner, and then the whole class applauds the students in that group.

Activity 4 Mini-lecture (10 mins)

> **Purposes**

- To expand students' Chinese specific cultural knowledge on numbers.

- To enlighten students that special numbers have different cultural meanings in different countries.

- To conclude the whole lesson and stimulate students' curiosity and interest to learn more about this topic after the class.

> **Steps**

Step 1:

As there are no more answers to the question "Why?" in the quick-answer game, the teacher starts introducing specific cultural knowledge about the special meanings of some numbers in China;

Step 2:

Then, the teacher introduces specific cultural knowledge about the special meanings of some numbers in the United States;

Step 3:

The teacher inspires the students to reconsider their answers and think over the questions again;

Step 4:

The teacher summarizes the topic and assigns small tasks.

4. 课后拓展 Enhancement

下课前给学生提出了以下3个任务或思考问题，以强化他们的理解和认识：

（1）用英语采访其他同学的幸运数字是什么。

（2）为什么中国人喜欢数字8？

（3）你知道世界其他国家文化中有哪些具有特殊含义的数字吗？

5. 教学反思 Teaching Reflection

本节课课程整体流畅自然，师生配合度高，教学效果较好。就课堂话题而言，学生明显对自己熟悉的话题参与度更高、课堂表现也更为积极。教学内容难易程度适切。就教学活动而言，本节课的中心环节以体验类的教学活动为主，互动参与性强，在很大程度上避免了学生"落单"的现象。教学活动之间层层递进，相辅相成，共同致力于帮助学生达成教学目标。就课堂组织与管理而言，根据教学活动需要，布置教学环境、安排学生参与课堂的做法对促进教学目标的达成有重要作用。

但本节课在具体实施层面依旧有需要进一步改善的地方。在教学中，尽管理想化的状态是学生能全英文参与教学活动，但实际上，如果完全做此要求，会导致打击部分学生课堂参与的积极性。课堂中，当被要求用英语表达自己的想法时，部分学生便拒绝举手回答问题。故此，建议教师在课堂活动的引导中，最好不要将"请说英语"作为硬性要求，而是鼓励学生尽可能多说英语，但也允许用中文表达自己的感受或想法。针对学生课后拓展任务，由于时间有限，教师并未设置作业或任务反馈平台。建议教师根据具体教学情况，专门设置讨论环节，给予学生反馈。教师的及时反馈对促进学生课后自主学习拓展有重要的推动作用。

6. 相关资源 Resources

（1）教学活动设计可参考：Gill, S., Cankova, M. Oxford Basics Intercultural Activities [M]. Oxford University Press, 2002.

(2) What's your lucky number? 调查卡片 (Survey Card)

Group _____			
Name	Lucky number(s)	Unlucky number(s)	Reason(s)

（二）初中跨文化能力教学案例："Mother Nature" Calls for Your Help

本教学案例来源于研究团队开发的初中《英语口语与跨文化交际》拓展课程，教学对象为七年级学生，主题为人与自然——自然生态、环境保护，建议授课时长为40分钟。该话题在"构建人类命运共同体"的倡议下，帮助学生树立环境保护意识，学会与自然和谐相处、互相尊重；通过向学生们展示现今的环境问题，提供各个国家的环保举措，帮助学生意识到环境保护的重要性，理解环保不是一个国家的责任，而是全人类需要面对的共同问题，这是生活在"地球村"的"地球公民"都应尽的责任和义务，具有很强的现实意义。

1. 教学目标 Teaching Objectives

通过本节课的学习，学生能够：

（1）在认知理解维度，基本了解目前全球面临的一些环境问题及各国采取的环保措施；进一步理解不同环保措施背后的文化内涵和价值观念；

（2）在情感态度维度，意识到环境问题和环保措施的多样性及共通性；深入了解我国的环境问题和采取的环保措施，肯定我国环境保护成就，形成较强的民族自豪感和文化认同；认识"地球村"的概念和意义，意识到作为"地球公民"的责任和义务；

（3）在行为技能维度，观察和辨识不同的环境问题及各国采取的环保措施的文化异同，并能用英语进行简单描述和比较；用英语简要讲述自己的环保故事，就环保主题与同学交流互动；反思自己的环保经历。

对接"跨文化能力教学参考框架"		对接《义务教育英语课程标准》
能 力 目 标	内 容 模 块	主 题 语 境
1. 认知理解：普遍文化知识（K-GCK-2,4） 2. 情感态度：文化意识（A-CA-1,2）；全球视野（A-GM-1,2,3） 3. 行为技能：跨文化对话（S-ID-1,2）；跨文化探索（S-IEl-1,2）	1. 认知理解：文化思维 2. 情感态度：我与世界 3. 行为技能：基本技能、思辨创新	人与自然——自然生态、环境保护

2. 教学活动 Teaching Activities

本节课主要由5个活动组成：

（1）课前调研（Pre-class Research）

课前调研不占用课堂时间，由两个小任务组成。一是采访家庭成员日常生活中的环保举措；二是利用网络资源搜寻各国的环保政策或举措。此项活动设计旨在培养学生独立调研的能力且帮助学生就本节课的话题提前做好准备。

（2）调研汇报（Research Report）

将学生进行分组，先是组内讨论，再从每组学生中选出一名学生在班级内分享。通过分享、讨论、汇报前期调研成果，学生可以从集体智慧中获取有关该话题的更多知识。

（3）视频观看（Video Watching）

授课教师精心挑选和剪辑了两段与本次话题相关的短视频，因为所选视频为全英文，授课教师将在观看前给学生补充英文单词和表达；观看后也将带领学生总结视频内容，进行反思。这样的多媒体形式可以活跃课堂氛围，并给学生提供新的视角来看待本次讨论的话题。

（4）圆桌会议（Round-table Conference）

这是本节课的活动高潮。学生将扮演不同国家的代表，介绍该国的环境保护政策和举措，讨论并评论其他国家的相关政策和举措（基于课前和前半节课所掌握的知识），最终共同商讨如何一同应对和解决全球环境问题。这个活动可以帮助学生回顾之前所学习的内容，并且学会用全球性眼光来重新审视这一问题，在此，授课教师还将引用"地球村""地球公民"等概念。

（5）微型讲座（Mini-lecture）

由授课教师通过讲座的形式带领学生梳理课堂内容，激发学生的思考，帮助他们反思日常生活中的环保行为，不断改善自己的行为举止，能够从身边的小事做起，尽自己的力量为环保事业做出贡献。

3. 教学步骤 Teaching Steps

Activity 1 Pre-class Research

> **Purposes**

- To practice the students' ability of independent research.

- To help students gain more knowledge of the topic, prepare for the class.

> **Steps**

Step 1:

Students interview their family members about their effort in environmental protection in their daily life. Write down the interview report in about 100 – 200 words.

Step 2:

Students search online to find the measures taken by China and other countries aiming at protecting the environment.

Activity 2 Research Report (12 mins)

> **Purposes**

- To provide opportunities for students to share and discuss with classmates using English.

- To provide opportunities for students to learn from group wisdom.

> **Steps**

Step 1:

Students are divided into six groups; they are encouraged to share and discuss their research findings in the group first, then one representative of each group is selected to report in the class about the research findings of their group.

Step 2:

Each group are asked one related question after reporting in the class; anyone in the group can answer it.

Activity 3 Video Watching 1&2 (10 mins)

> **Purposes**

- To provide diversified perspectives on this topic.

- To raise students' awareness of our mother nature's difficult situation.

- To help students explore deeper values and cultural meanings behind the measures being taken.

> **Steps**

Step 1:

The teacher provides and explains new words and expressions first to make sure students can understand the short videos later.

Step 2:

Students watch two short videos: "Nature Is Speaking" and "Environmental Protection Measures Taken by China, Japan, Singapore, Britain, and the United States," and discuss the questions provided by the teacher.

Step 3:

The teacher facilitates the debriefing on the videos.

Activity 4 Round-table Conference (10 mins)

> **Purposes**

- To help students recap the knowledge discussed before, and learn to describe, compare and communicate this topic using simple English.

- To facilitate the appreciation of environmental policies/measures taken by other countries and a better understanding of the effort made by China, cultivating a strong feeling of pride toward it.

- To raise the students' awareness of the responsibility as a global citizen, starting to reconsider the environment issue from a global vision.

> **Steps**

Step 1:

Students are divided into five groups (which are different from the previous ones), each group is responsible for voicing the environmental protection policies or measures of a certain country using the knowledge learned before. Those countries are China, Japan, Singapore, Britain, and the United States.

Step 2:

One representative of a certain country is selected to take part in the round-table conference. And one moderator is selected to moderate the conference. In the conference, the representatives first introduce their policies and measures, then comment on the different policies and measures. At last, they discuss what they can do together to contribute to a clean world.

Activity 5 Mini-lecture (8 mins)

> **Purposes**

- To recap what we learned in the class.

- To elicit students to reflect on this issue.

- To encourage students to stand higher and reconsider this issue from a global vision.

- To help students improve their behaviors in the daily life.

> **Steps**

Step 1:

The teacher is responsible for the mini-lecture part as the wrap-up, which is the debriefing of the whole class.

Step 2:

Several points need to be reiterated:

(1) Today, our human beings are facing serious environmental problems, which requires the joint effort by countries around the world.

(2) Countries adopted various policies and measures on this issue, which indicate different values and cultural meanings. On one hand, we should understand and respect the differences; On the other, commonalities should be paid more attention to.

(3) China is a responsible country who assumes the responsibility of environmental protection unhesitatingly. The past years witnessed China's

achievements on this issue. As a Chinese, we are so proud of them.

(4) It is necessary for us to reflect on our behaviors on the environmental issues in our daily life, making no effort to be an eligible global citizen.

4. 课后拓展 Enhancement

(1) 跟家人和朋友们分享课上学习的关于"环境保护"的文化主题；

(2) 可以通过日记的方式写下你的学习感想。

5. 教学反思 Teaching Reflection

根据本次课后的课堂反馈表和一对一访谈，我们发现针对本节课的话题，学生在认知理解、情感态度、行为技能维度都有了很大提升。

在教学设计上，本次课采用前期调研作为第一个活动，选取该形式是基于初中生已初步具备独立调研的能力，包括访谈、搜寻网络资源和查阅图书资料等能力。同时，也能对课堂效果产生积极作用，可有效避免一些学生因为对话题不熟悉而无从表达、无法参与。这种课前调研的活动可以帮助学生做好准备，使得每位学生都有话可说，从而保证课堂的参与度，因此，建议教师在选择学生熟悉度较低的主题时，多予以采用。另外，圆桌会议的活动形式也在课堂中掀起了一波小高潮，这种模拟国际会议的形式有助于培养学生的全球视野，帮助他们学会从不同的视角和立场来看待同一问题。

在实际教学中，我们建议教师允许学生使用双语表达自己的想法，这能在极大程度上激发学生们的表达欲望。同时，每节课的活动不宜过多，否则会导致某些活动不能充分展开。保证活动质量是首要前提，尤其是 debriefing 环节，需要保留足够的时间，并在 debriefing 问题的设计上注重师生互动和生生互动，以保证学生的参与度，这样才能起到巩固、增强教学效果的作用。

6. 相关资源 Resources

(1) 视频资源："Nature Is Speaking"系列。该系列由苹果公司广告人 Lee Clow 为保护国际基金会（Conversation International）创意制作。

(2) 沪教牛津版 7 年级下册《英语》教材

（三）高中跨文化能力教学案例：Do Accents Matter?

本教学案例来自研究团队开发的高中学段《英语口语与跨文化交际》拓展课程，教学对象为高一年级学生，建议分两次课时（40+40分钟）完成。本话题从英语变体和英语口音多样性出发，一方面帮助学生理解英语作为国际通用语的作用以及外语学习与跨文化交际的关系，引导学生对学习英语的意义和目标进行反思；另一方面帮助学生认识到口音与身份认同之间的关系，引导他们对口音偏见现象进行反思，同时增强他们的文化自信和用英语交流的自信心。

1. 教学目标 Teaching Objectives

通过两次课的学习，学生能够：

（1）在认知理解维度，理解英语作为国际通用语的作用，了解英语的各种变体和英语口音的多样性，并理解口音与身份认同之间的关系；

（2）在情感态度维度，消除口音偏见，增强文化自信和使用英语进行交流、表达观点的自信；

（3）在行为技能维度，反思将"英语母语者"作为英语学习目标的合理性和学习英语的意义，并使用英语就该主题表达自己的观点。

对接"跨文化能力教学参考框架"		对接《普通高中英语课程标准》
能 力 目 标	内 容 模 块	主 题 语 境
1. 认知理解：外国文化知识、普遍文化知识（K-FCK-3；K-GCK-3） 2. 情感态度：文化意识、国家认同、全球视野（A-CA-1,2,3；A-NI-3,4；A-GM-3） 3. 行为技能：跨文化体认、跨文化对话、跨文化探索（S-IEr-3,4；S-ID-2,3；S-IEl-1,2）	1. 认知理解：文化行为、文化思维 2. 情感态度：我与国家、我与世界 3. 行为技能：交流互动、思辨创新	人与社会——历史、社会与文化

2. 教学活动 Teaching Activities

本话题由5个活动组成，可分为两个课时完成，活动概述如下：

（1）微型讲座（Mini-lecture）

活动1是以概念为核心的微型讲座，首先通过几个问题引发学生对"英语母语者"这一概念以及以"英语母语者"作为英语学习目标的可行性展开讨论，随后由教师介绍一系列事实数据，帮助学生了解英语这一语言在全世界范围内的丰富变体和广泛使用的情况，抛砖引玉地引导学生对"英语母语者"的意涵产生初步的反思，并初步理解英语作为世界通用语的作用和意义。

（2）竞猜游戏（Guessing Game）

活动2是体验式竞猜游戏，由教师播放一段音频，音频由十多个片段组成，说话者是来自世界各地的"英语母语者"，带有各自地域的口音特色，如伦敦口音、纽约口音、加州口音、苏格兰口音、澳洲口音、加拿大口音、南非口音等等。学生在听完每一个片段后竞猜说话者国籍。通过这个游戏，可帮助学生对英语母语者的不同口音产生感性认识，使其切身体验到英语母语者口音的多样性，并直观地感受到口音与身份认同之间的联系。

（3）视频观看（Video Watching）

活动3上接活动2，在体验过"英语母语者"的各种口音后，教师请学生观看我国外交部口译员的视频，并对口译员的口音展开探讨，进一步理解口音与身份认同之间的关系，帮助其消除口音偏见，树立英语表达的自信。

（4）主题辩论（Debate）

活动4是话题驱动的小组辩论，在学生对"英语母语者"口音多样性以及口音与身份认同之间关系建立了初步认识、产生了一定反思后，请学生就"是否有必要将来自不同文化的人的英语口音标准化"这一议题展开辩论，帮助学生在深入探讨本课话题的基础上组织观点、展开思辨并使用英语进行表达。

（5）小组讨论（Discussion）

活动5是基于前4个活动的总结，教师可再次提出活动1中关于"英语母语者"的相关问题，请学生反思本节课前后自己对这一概念产生了哪些新的认识和体会。借由学生自己的反思，进一步提出关于英语学习目标以及口音偏见的问题，引导学生总结本节课的重点内容。

3. 教学步骤 Teaching Steps

Activity 1 Mini-lecture: Who are the native speakers of English? (10 mins)

> **Purposes**

- To introduce the topic by guiding students to reflect on the meaning of "native English speaker".

- To introduce the idea of English being a lingua franca.

> **Steps**

Step 1: Free talk

Students are invited to have a free talk about the following questions:

① Why do we learn English?

② Do you wish to speak English like a native speaker? Why?

③ Is it possible for us to speak English like a native speaker? Why?

④ What does it mean by "speaking English like a native speaker"?

Step 2: Choose your answers

Students are invited to choose the native speakers of English among the following nationalities:

American, British, Australians, New Zealanders, Canadians, Irish, South Africans

Answer: These are the major English-speaking countries, and as long as one speaks English as first language, he/she is a native speaker of English.

Step 3: Learn some facts about English

The teacher introduces some facts about English:

① 375 million native speakers; more than 1.2 billion total speakers

② The most widely spoken language in the world

③ An official language in over 60 countries

④ World Englishes: Many types of variations(变体)

⑤ A lingua franca(通用语)/an international language

Activity 2 Guessing Game: Guess the accents (25 mins)

> **Purposes**

- To help students realize that native English speakers also have various accents.

- To help students realize the connection between accents and identity.

> **Steps**

Step 1: Guess the accents

The teacher plays an audio clip of various English accents and invites students to guess where the speakers are from.

Step 2: Check the answers and reflect

The teacher checks the answers with the students and invites them to reflect on the following questions:

① How do you feel about their accents?

② How do you feel about Chinese accent?

③ How do you feel about your own accent?

Activity 3 Video Watching: How do you feel about the accents? (10 mins)

> **Purposes**

- To lead students to reexamine the Chinese accent.

- To help students have deeper understanding of the connection between accents and identity.

> **Steps**

Step 1: Watch a video

The teacher plays a video of Chinese interpreter Zhang Jing translating for Chinese diplomatic officers.

Step 2: Discuss in groups

Students are invited to discuss in groups about the following questions:

① How do you feel about the Chinese interpreter's accent?

② Some people criticized her Chinese accent, do you agree? Why?

③ Why do you think she speaks with neither American nor British accent?

Activity 4 Debate: Should accents be standardized? (25 mins)

> **Purposes**

- To lead students to reflect further on the meaning of the diversity of accents.

- To offer students opportunities to share and exchange opinions regarding the topic.

> **Steps**

Step 1: Choose your side

Students are invited to think over the following question and choose their sides:

Should English accents be standardized for people from different cultures? Yes or No? Why?

Step 2: Prepare in groups

Students form into two opposite groups, discuss and list the reasons to support their opinions.

*Hint: they might think of the relationship between mandarin Chinese and Chinese dialect.

Step 3: Have a debate

The two groups of students have a debate over the question.

Step 4: Debrief and reflect

The teacher debriefs the debate through questions for students to reflect on:

① What's your feeling during the debate?

② What have you learnt from the opinions from the opposite side?

Activity 5 Discussion: Do accents matter? (10 mins)

> **Purposes**

- To trigger students' reflection on their goals of learning English.

- To help students eliminate prejudice against certain accents.

- To build students' confidence in speaking English.

> **Steps**

Step 1: Reflect and discuss

The teacher invites students to reflect on the following questions again and share their opinions with the whole class:

① What does it mean by "speaking English like a native speaker"?

② Is it possible for us to speak English like a native speaker? Why?

③ Do accents matter?

Step 2: Wrap up

The teacher wraps up the class with hints on English learning:

① We are learning English as a Lingua Franca.

② We use English to communicate with people around the world, not only with people from English-speaking countries.

③ The purpose of language is communication, so it does not matter if you have an accent as long as you are understandable.

④ Native speakers of English speak with accents as well.

⑤ Accents should not be judged as correct or not. If you can be understood, then you are pronouncing English correctly.

⑥ "The accent tells where I'm from, the accent tells my story." It's a part of our identity.

4. 课后拓展 Enhancement

在本节课结束后，教师可选择以下课后任务：

（1）请学生对自己英语学习的目标进行反思，罗列自己的英语学习目标或通过想象来描述未来自己作为成功的英语学习者所具备的特质。

（2）请学生就本课话题"Do accents matter?"写一篇作文阐述自己的观点。

（3）请学生在网络上搜索关于口音偏见的话题，总结其产生的原因、表现形式和影响。

5. 教学反思 Teaching Reflection

本节课在高中的试验性教学中效果突出，是学生和任课教师印象最深的话题之一。学生在课程结束后的反思日志中指出，本节课刷新了他们对口音的认知，使其了解到口音作为一种语言使用的变体也是文化差异和自身文化身份认同的体现，这样的认知转变既增强了他们的文化自信，也帮助他们克服了在口语表达和交流中由于自认为口音不够"纯正"而导致的羞怯和不自信。正如他们写道：

> *"I realized that accent is also a symbol of my country, so I am proud of it now." "Now I think accents are not so bad and they are interesting because you cannot just judge a person's motherland by their accent, accents are different because we are different."*

由此看来，本节课在认知理解、情感态度和行为技能3个维度都达到了比较好的成效。

就教学设计而言，5个教学活动层层铺垫，形式丰富，在以学生为中心的基础上，适时地辅以教师讲解和问题引导，安排合理。其中，竞猜游戏这一活动的学生参与度和积极性最高，建议教师可在教学设计中多采用此类活动。另外，在教学实践中我们发现，辩论环节耗时较多，建议教师采用此类活动时需充分考虑课时容量问题。最后，需要指出的是，案例中所列举的教师提问有限，仅供教师参考借鉴，在实际教学中，建议教师们结合学生情况围绕主题自行发挥提问，但切忌长时间地在师生间进行一对一问答，否则可能破坏课堂互动氛围。建议教师在课堂的师生互动、生生互动中随机应变地捕捉学生观点，引发大范围的讨论，以充分调动全体学生的思维活跃度，同时，可鼓励学生使用双语表达观点以激发他们的积极性。

6. 相关资源 Resources

（1）英语口音音频可参考以下资源：

https://www.youtube.com/watch?v=QKk1sVru9vc

https://www.youtube.com/watch?v=Kiw5ibZ4AVo

（2）外交部口译员视频来自"中美高层战略对话"，可参考以下资源：

https://www.bilibili.com/video/BV17y4y1t78M?spm_id_from=333.337.search-card.all.click&vd_source=a00b5d33e820aed9b709475be9187f79

（四）大学跨文化能力教学案例：The Diversity of Cultural Values

本教学案例选自研究团队在大学基础英语课程及研究生公共英语课堂中展开的教学实验，授课对象分别为大学二年级及研究生一年级非英语专业学生。案例中的话题对接的是《大学跨文化英语综合教程2》的单元主题Managing time / Cultural values，深度开发教材中的跨文化探索活动，设计了跨文化概念引入、关键事件分析、案例讨论3个系列活动，层层深入，从认知理解、情感态度、行为技能3个维度培养学生的跨文化能力。这一系列活动教学总时长为2-3课时（90-135分钟）。

1. 教学目标 Teaching Objectives

通过本次课的学习，学生能够：

（1）在认知理解维度，理解不同文化模式下的时间观念，以批判性的视角思考不同的文化价值观；

（2）在情感态度维度，了解价值观多样性并尊重不同的价值观取向，增强同理心；意识到自己可能存在价值观上的评判偏见（bias）；意识到不能仅以自己的价值观念为标准对他人进行道德批判；增强同理心，学会转换视角，站在不同的角度去思考和理解他人；

（3）在行为技能维度，使用英语对跨文化冲突案例进行描述，解释和分析行为背后的文化价值观差异，并提出一定的冲突解决建议。

对接"跨文化能力教学参考框架"		对接《大学跨文化英语综合教程2》
能 力 目 标	内 容 模 块	教材单元主题
1. 认知理解：外国文化知识、中国文化知识、普遍文化知识（K-FCK-3, 4；K-CCK-4；K-GCK-4） 2. 情感态度：文化意识、国家认同（A-CA-1, 2, 3, 4；A-NI-3, 4） 3. 行为技能：跨文化体认、跨文化对话、跨文化探索（S-IEr-3, 4；S-ID-3, 4；S-IEl-2, 3, 4）	1. 认知理解：文化行为、文化思维 2. 情感态度：我与他人、我与国家、我与世界 3. 行为技能：交流互动、思辨创新	单元主题：Managing time / Cultural values

2. 教学活动 Teaching Activities

本单元跨文化教学共有3个具体的主要活动，需要2-3个课时完成。

（1）概念引入（Cultural Concept: P-time vs. M-time）

活动1是对《大学跨文化英语综合教程2》第四单元第82页跨文化探索活动的深度开发。主要目标是帮助学生从理论层面理解不同文化模式下的时间观念。首先，热身环节让学生做一份时间观心理测试量表，引出M-time和P-time的概念。然后让学生阅读Edward T. Hall关于M-time与P-time的文章材料，学生在教师提供的阅读材料基础上自行上网搜集相关信息，了解国家文化会偏向哪种时间取向，并就不同时间取向的利弊展开分组讨论，让学生从自己和他人的不同视角进行反思。

（2）关键事件分析（Intercultural Incidents: A Vexing Scheduling Problem）

活动2是对《大学跨文化英语综合教程2》第四单元第82页跨文化探索活动的深度开发。关键事件是一个巴西人Mario去美国老板家做客迟到的故事，教师让学生阅读文本后，口头描述事件经过并探讨和解释该事件背后的原因，最后让学生反思中国文化中有关的习俗和社会规范，并就如何避免类似的文化误解事件提出建议。

（3）案例讨论（Case Discussion: Parable of Rosemary）

活动3是以寓言故事为题材的案例分析，活动设计改编自Stella Ting Toomey & Leeva Chung在2013年7月美国跨文化交际夏季学院工作坊中的一个跨文化培训活动。学生通过对寓言故事的阅读，对故事中角色的价值观和自己的价值观展开讨论和分析。让学生通过活动意识到价值观的多样性以及自己在评判他人时存在的价值观偏见，从而增强同理心，学会尊重差异，允许和理解他人用不同世界观对经验或观点进行解释。

3. 教学步骤 Teaching Steps

Activity 1 Cultural Concept: P-time vs. M-time (25–35 mins)

> **Purposes**

- 引出Edward T. Hall有关M-time和P-time的文化理论概念。

- 培养学生的批判性思维。

> **Steps**

Step 1: Warm-up

- 让学生完成时间取向心理自测量表，并计算自己的得分。

- 在学生完成自测后，教师向学生解释具体得分对应的时间取向及含义。

Score over 42　　M-time

Between 30–42　　In-between

Below 30　　P-time

Do you belong to P-time culture or M-time culture?

Step 2: Reading

- 让学生阅读 Edward T. Hall 关于 M-time P-time 的文章材料。

- 教师在黑板上画示意图。

Step 3: Discussion

- 围绕以下 2 个问题展开讨论：

① 不同的文化会对人们的时间观念和行为带来什么影响？

② 不同的时间取向各有什么利弊？

- 教师将学生分成小组（2 人一组），学生可以通过网络搜索相关研究结果，结合自己的经验和理解进行小组讨论。

Step 4: Reflection

- 让同学们反思，对于 P-time 和 M-time 这个时间观的二分法如何评价？

- 教师总结学生的反思。提醒学生文化是动态的，不要简单地划分类型，形成固化的标准。文化维度的理论概念是为了帮助我们更好地从抽象意义上对文化价值观进行理解。

Activity 2 Intercultural Incidents: A vexing scheduling problem (25–40 mins)

> **Purposes**

- 锻炼学生使用英语对跨文化冲突案例进行描述的能力。

- 锻炼学生解释和分析行为背后文化价值观差异的能力。

- 锻炼学生解决跨文化冲突的能力。

> **Steps**

Step 1: Incident description

- 给学生3分钟时间自己阅读文本。

- 请学生用自己的话描述这个事件的核心问题。What happened to Mario? What did he do wrong?

Step 2: Analysis

- 小组讨论，围绕以下几个问题分析这个关键事件。

① What's Mario's time orientation?

② How does Brazilian culture influence his time orientation?

③ How about his American boss?

Step 3: Reflection

- 让学生反思中国文化中有关的习俗或社会规范，如果Mario是去中国老板家里吃饭，会发生什么情况，为什么？（除了时间观念的文化差异，还可以发散探讨上下级权力距离观上的文化差异）

- 让学生讨论应该如何做才能避免这样的文化误解事件的发生？（个体跨文化适应；双方的沟通方式；公司培训的跨文化培训等）

Activity 3 Case Discussion: Parable of Rosemary (40–60 mins)

> **Purposes**

- 帮助学生了解行为背后的价值观。

- 引导学生理解和尊重不同的价值观取向。

- 帮助学生意识到自己可能存在价值观上的评判偏见（bias）并意识到不能仅以自己的价值观念为标准对他人进行道德批判。

- 引导学生增强同理心，学会转换视角，站在不同的角度去思考和理解别人。

Step 1: Reading

- 请几位同学在课堂上朗读案例故事。

- 教师对案例故事中的人物进行介绍，并解释生词

  fiancé, crocodile, reunion; compelled; banish; at one's wits' end

Step 2: Ranking

- 让学生在5分钟时间内根据自己的价值观将自己认同的人物行为进行排序，并用一两句话进行解释。

  Please write down in rank order, the characters whose behavior you MOST APPROVE to LEAST APPROVE, plus a sentence or two explaining your choices.

  Most approve:　　① _____ ;

  　　　　　　　　because, _____

  　　　　　　　　② _____ ;

  　　　　　　　　because, _____

  　　　　　　　　③ _____ ;

  　　　　　　　　because, _____

  　　　　　　　　④ _____ ;

  　　　　　　　　because, _____

  　　　　　　　　⑤ _____ ;

  Least approve:　because, _____

Step 3: Group discussion

- 小组讨论：4-5人一组分享彼此的排序和原因。(5分钟)

- 每个小组必须达成共识，统一排序，并派一个代表，将小组排序写到黑板上。然后分享每个组的排序原因。

Step 4: Group comparison

- 全班一起对比黑板上的小组排序，找出差异最大的人物排序，然后请每组进行解释。

Step 5: Reverse ranking

- 让每个组将现有的排序倒过来，要求学生为调整顺序后的人物进行辩护。

  Make your MOST APPROVED person your LEAST APRROVED person and your LEAST APPROVED person your MOST APPROVED person, plus a sentence or two justifying the ranking.

Step 6: Debriefing

- 通过以下几个问题，对这次活动的深层次意义做一个解释，引导学生进行反思。

  ① 通过这个案例讨论，尤其是颠倒次序后，是否对本来不认可的人物行为多了一些理解？

  ② 是否发现每个人物的行为其实体现了一定的价值观？你觉得他们分别体现了什么？

  ③ 你对于人物的评判是不是以自己的个人价值观为标准？你是否发现别的同学有跟你不一样的价值观标准？

4. 课后拓展 Enhancement

本单元跨文化教学活动结束后，教师可以请学生写一篇200字左右的反思日志，围绕以下几个问题回顾自己本次跨文化探索活动中的学习收获、学习过程以及学习期待。这是元认知策略的体现，能够帮助学生更好地巩固学习。

（1）What I have learned and improved from this Unit of study?

（2）How did I learn it?

（3）What do I expect to learn in the future?

5. 教学反思 Teaching Reflection

本次跨文化教学活动实施效果非常好，课堂上学生的参与度高，互动性较强，也是学生和授课教师反馈印象最深的话题之一。教师反馈这3个具体活动环节的设计在教学目标上有递进的层次性，每个活动也对跨文化素材进行了深度开发，不只停留在简单阅读、探讨的层面，能够启发学生在学习跨文化知识的基础上发散思维，联系实际经验，反思文化，反思自身。学生在课程结束后也反映课堂活动非常有意义，一方面学习到了一些跨文化理论，另一方面他们能在活动中运用这些理论分析和解决一些真实的跨文化问题。在学期末的访谈中，好几位学生都提到本单元的案例讨论活动，让自己重新审视了自己的文化价值观，意识到自己需要从不同的立场、不同的身份视角去解读问题，尊重和理解他人与自己的差异。

在教学实践中需要注意几点：1) 活动时间的控制。由于课堂的时间有限，所以教师必须灵活调整活动步骤，合理把控课堂时间。如果需要留更多的时间让学生们进行课堂讨论，可以将warm-up、材料阅读这些环节作为课前任务，提前布置给学生完成，也可以将活动反思环节的问题打印出来发给学生作为课后作业完成。2) 教师在活动实施过程中的协调和引导作用。例如在分组讨论时间取向概念时，教师可以到各个小组进行旁听观察，提醒同学们可以联系自己在warm-up时所做的测量结果，从自己的角度出发思考不同时间取向的利弊。在进行活动debriefing以及反思环节时，教师也可以用自己的一些跨文化经历举例，为学生做示范的同时也激发学生进行深度思考。另外，教师对于学生在课堂或者作业中提出的批判性观点要加以鼓励，并引导其他同学倾听和学习不同的观点，在讨论过程中可以允许学生使用中英双语，充分给予学生表达的机会，调动他们的积极性。

6. 相关资源 Resources

（1）教材：《大学跨文化英语综合教程2》，上海外语教育出版社，2019年。

（2）Intercultural incidents: A vexing scheduling problem（见《大学跨文化英语综合教程2》，第82页，Step 3: Analyze a Case）

（3）Parable of Rosemary 故事素材：

http://global.oup.com/us/companion.websites/9780199739790/student/chapter3/doc/Ch3parable.doc

（4）时间取向心理自测量表（Monochronic-Polychronic Scale by Charles Phipps J. D.）

Please circle the answer that best describes you. Choose only one answer for each item using the following scale:

Strongly agree (SA), Agree (A), Neutral (N), Disagree (D), Strongly disagree (SD)

1	I usually feel frustrated after I choose to do a number of tasks when I could have chosen to do one at a time.	SA	A	N	D	SD
*2	When I talk with my friends in a group setting, I feel comfortable trying to hold two or three conversations at a time.	SA	A	N	D	SD
*3	When I work on a project around the house, it doesn't bother me to stop in the middle of one job to pick up on another job that needs to be done.	SA	A	N	D	SD
4	I like to finish one task before going on to another task.	SA	A	N	D	SD
*5	At work or school, it wouldn't bother me to meet at the same time with several different people who all had different matters to discuss.	SA	A	N	D	SD
6	I tend to concentrate on one idea before moving on to another task.	SA	A	N	D	SD
7	The easiest way for me to function is to organize my day to day activities with a schedule.	SA	A	N	D	SD
*8	If I were a teacher and had several students wishing to talk with me about assigned homework, I would meet with the whole group rather than one student at a time.	SA	A	N	D	SD
*9	I like doing several tasks at one time.	SA	A	N	D	SD
10	I am frustrated when I have to start on a task without first finishing a previous one.	SA	A	N	D	SD
*11	In trying to solve problems, I find it stimulating to think about several different problems at the same time.	SA	A	N	D	SD
12	I am mildly irritated when someone in a meeting wants to bring up a personal topic that is unrelated to the purpose of the meeting.	SA	A	N	D	SD
13	In school I prefer studying one subject to completion before going on to the next subject.	SA	A	N	D	SD
14	I'm hesitant to focus my attention on only one thing, because I may miss something equally important.	SA	A	N	D	SD
15	I usually need to pay attention to only one task at a time to finish it.	SA	A	N	D	SD

Scoring: Add the scores with SA=1, A=2, N=3, D=4, SD=5. Reverse score (SA=5, A=4 etc.) for items marked with *. Scores of 30 and below indicated monochronic style; scores of 42 and above indicated polychronic style (reliability =73).

各学段跨文化能力教学实验报告

跨文化能力教学参考框架的研制是根据教育设计研究范式，通过多轮教学实验对参考框架的适切性和有效性进行反复验证和完善得以完成的。研究团队对每次教学实验进行统筹安排和整体设计，在熟悉对接的跨文化能力教学参考框架内容的基础上，就如何设计每门实验课程的教学目标、主题内容、教学活动、教学步骤进行深入讨论，并就课堂观察、反馈调查、前后测等实验数据的收集和分析进行研讨培训。小学、初中、高中和大学4个教学实验小组，每组由主讲教师、助教和教学观察者等多个成员组成，负责实施教学实验，开展实验研究，撰写实验报告。

（一）小学跨文化能力教学实验报告

1. 教学实验简介

本课程名为《英语口语与跨文化交际》，是为上海某学校三年级学生开发设计的一门拓展选修课程，2021年秋季学期实施，时长为一个学期，每周一个课时，40分钟。两名跨文化交际专业硕士研究生在张红玲教授和姚春雨博士的指导下，联合授课，另有一名项目团队成员作为课堂观察者全程参与。本实验旨在验证和完善《中国外语教育跨文化能力教学参考框架》（以下简称《参考框架》）小学阶段跨文化能力教学内容目标界定和描述的适切性和有效性。

2. 教学实验设计与实施

小学《英语口语与跨文化交际》属英语类拓展课程，每周一次课，每节课40分钟，共计14次课。基于项目团队前期的研讨，确定了本课程的教学目标和教学内容主题，设计了教学活动，制定了教学大纲。

2.1 教学目标

基于"跨文化交际能力的情感—认知—行为框架"（张红玲，2007）进一步形成的"四三二一"理论框架与中国学生跨文化能力发展一体化模型（张红玲、姚春雨，2020）是本课程设计的理论基础。课程旨在促进学生英语能力和跨文化能力的双轨同步发展，帮助学生在练习英语口语表达的同时，增强跨文化意识，发展跨文化能力。根据《参考框架》关于小学阶段在认知理解、情感态度和行为技能3个维度的描述，本课程的总体教学目标包括：

（1）在认知理解维度，丰富各类文化知识，包括外国文化知识、中国文化知识及普遍文化知识；

（2）在情感态度维度，增强对不同文化的好奇心，有兴趣了解中国和世界各国文化和人类文明发展，增强祖国意识和民族自豪感，不惧怕与来自不同文化的人进行交流，播下自信、开放、包容、尊重、欣赏的跨文化种子；

（3）在行为技能维度，能观察和辨识家庭、学校和社会中衣食住行等方面的文化异同，并就日常学习和生活等主题与来自不同文化的人用英语进行简单交流互动；能有意识地通过书籍、报刊、新媒体等渠道，接触和了解中外文化；能对自身的跨文化交际行为和学习经历进行初步反思。

基于以上总体教学目标，研究者对牛津上海版三年级英语教材每单元的课文主题和语言知识点进行分析，结合学生的认知水平、英语能力及学习风格，根据《参考框架》小学阶段能力内容目标，确定了本课程的具体教学目标：

（1）认知理解

小学阶段跨文化能力教学在认知理解维度的教学目标主要是帮助学生通过接触不同群体文化，掌握一定的中外文化知识。考虑到小学三年级学生的认知水平、人生阅历、学习特点，本实验课程的教学主要关注具体国别文化现象和文化知识。普遍文化知识层面的目标主要是激发学生对文化知识学习和探索的意识和兴趣。

（2）情感态度

在小学阶段情感态度维度的教学目标是激发学生对不同文化的好奇心和对文化学习的兴趣，增强学生用英语进行对话交流的勇气和自信。

（3）行为技能

行为技能维度的教学目标是通过接触不同群体文化，帮助学生学会观察和发现文化现象及其存在的差异，能够用所学英语描述具体文化现象，进行简单交流，鼓励学生养成对周边的文化现象和自己的文化经历进行观察和反思，并引导学生课后自主学习和拓展。

2.2　课程主题内容

本课程的教学内容和主题的选择依循真实性、适切性、趣味性和相关性等原则，考虑学生的认知水平、情感发展以及英语能力等因素，结合学生兴趣点，选择与他们日常生活和学习息息相关的话题，让学生们有话可说、乐于参与。研究者综合考虑学生使用的英语教材，对实验对象所使用教材的文化教学内容进行分析，最终选定如表1所示的12个主题，设计了12个问题式的话题，加上第一周的课程介绍和最后一周的课程总结，为期共14周。

表1　课程主题、话题与教学活动

上课周次	话题	主　题	话　题	主要教学活动
2	1	Greeting Etiquette	How do you say hello to your friends?	imitation, case study
3	2	Family Life	Do you live with your grandparents?	cultural comparison, case study
4	3	Eating Habits	How do you eat your meal?	situational dialogue performance
5	4	Holidays and Festivals	How many national festivals do you know?	situational dialogue performance
6	5	Subcultures; Diversity; Chinese Values	What is your lucky number?	group survey, quick-answer game
7	6		What is your lucky color?	group survey, quick-answer game
8	7	Food	What is your favorite food?	case study
9	8	Animals	What animals are unique to China?	debate, quick-answer game
10	9	Buildings; Chinese Values	Can you find the differences between these buildings?	mini-lecture, quick-answer game
11	10	Clothes	How do you like the traditional Chinese clothes?	quick-answer game, mini-lecture
12	11	Identity	Who are you?	group survey
13	12	Nonverbal Language	Can our body talk?	mini-lecture, case study

　　本课程的教学目的是验证和完善《参考框架》，因此课程的教学目标内容和教学活动均以《参考框架》为依据进行设计和开发。表2（见下页）呈现了本课程设计与《参考框架》的对应关系。

表 2　教学话题与《参考框架》的对应关系

教学参考框架 / 教学话题	认知理解			情感态度			行为技能		
	外国文化知识	中国文化知识	普遍文化知识	文化意识	国家认同	全球视野	跨文化体认	跨文化对话	跨文化探索
1. How do you say hello to your friends?	√	√		√	√		√	√	√
2. Do you live with your grandparents?	√	√		√	√		√	√	√
3. How do you eat your meal?	√	√		√	√		√	√	√
4. How many national festivals do you know?	√	√		√	√	√			
5. What is your lucky number?	√	√		√	√		√	√	√
6. What is your lucky color?	√	√		√			√	√	√
7. What is your favorite food?	√	√	√	√		√	√	√	
8. What animals are unique to China?	√	√		√		√	√	√	
9. Can you find the differences between these buildings?	√	√		√			√	√	√
10. How do you like the traditional Chinese clothes?		√		√	√		√	√	√
11. Who are you?			√	√	√		√	√	√
12. Can our body talk?	√	√		√	√		√	√	√

2.3　教学方法

课程采用基于主题、内容和活动的融合式教学（integrated, theme-based, content-based, activity-based instruction）方法，注重体验学习与合作学习。每次课设置热身活动、探索体验活动和总结拓展活动三个教学环节，每个环节可由一个或多个教学活动组成。

（1）热身引入环节（Warm-up/Introduction）：结合提问或小游戏等方式引入文化主题，引发学生对生活中文化现象的关注，激发学生好奇心和对文化学习的兴趣；

（2）探索体验环节（Exploration/Experiencing）：输入文化知识，引导学生深入探索，帮助学生掌握相关知识；或创设跨文化交际情境，引导学生倾听、观察、描述、比较、交流、沟通、反思和评价，培养学生用英语表达思想、与人交流的勇气和能力。

（3）总结引申环节（Wrap-up/Extension）：从多元视角归纳总结，进一步促进学生反思，并锻炼用英语表达思想观点的能力。同时，可适当设计课后任务，帮助学生将课堂中获得的能力运用到更广阔的情境中，并激发学生的创新能力。

教学活动丰富多彩，包括模仿（imitation）、头脑风暴（brainstorming）、文化比较（culture comparison）、小组讨论（group discussion）、辩论（debate）、角色扮演（role play）、情景对话表演（situational dialogue performance）、案例分析（case study）、抢答（quick-answer game）、模拟游戏（simulation game）、小组调查（group survey）、微型讲座（mini-lecture）等，每个活动按照教学步骤逐步推进。

3. 教学实验研究设计

3.1　研究概述

本教学实验的对象是上海某学校19名小学三年级学生，其中，男生17人，女生2人，学生年龄在8-9岁，小学一年级开始学习英语，有一定的英语语言基础，能在课堂上用英语进行简单的交流互动。整个教学实验过程中，学生缺课情况较少，每节课平均总人数17人。

一学期《英语口语与跨文化交际》课程的教学实验中，围绕学生对教学主题与活动的兴趣和满意度以及教学效果等问题，研究者通过课前访谈、课堂观察和课后满意度调查、前后测等多种形式，收集数据，分析数据，对第3版《参考框架》进行验证反馈，并提出修订建议。

3.2　实验数据收集

考虑到小学生群体年龄尚小，认知水平和人生阅历有限，采用实验前后测或量表等数据收集方法来评估学生跨文化能力不现实。因此，本研究采取质性数据收集方法，如课堂观察、学生课堂反馈调查表、半结构式访谈等，主要从观察者、学生和教师3个角度收集数据。观察者填写的课堂观察表是主要数据来源，课后对学生的反馈调查和半结构式访谈、教师的反思日志是参考数据。表3（见下页）为本实验数据收集与处理的具体情况。

—————————————• 表3　数据收集与处理概况 •—————————————

收 集 方 法		收 集 时 间	主　要　目　的	数据处理方式
课堂观察表		课后一周内左右	**从观察者角度看**教学目标达成情况（有效性）与《参考框架》适切性	描述性分析
学生课堂反馈调查表		每次上课最后3-5分钟	**从学生角度看**教学目标达成情况（有效性），衡量《参考框架》适切性	描述性分析
半结构式访谈		课前或课后		描述性分析
教学反思日志		课后	**从教师角度看**教学目标达成情况（有效性），衡量《参考框架》适切性	补充性材料
录像、照片		课堂	补充说明	补充性材料
期末评估	期末反馈表	最后一次课上	补充说明	描述性分析
	期末访谈			

4. 实验数据分析

4.1　课堂观察者角度

课堂观察者根据研究团队集体讨论制定的课堂观察表，对每次课上教学活动的推进情况以及师生课堂行为进行观察。课堂观察表包括教学目标达成情况评价表、学生兴趣度评价表、学生参与度评价表以及课堂流水记录4个部分构成。本研究以教学目标达成情况评价表为主进行数据分析与解读，课堂观察表的其他部分内容作为补充说明。

教学目标的达成情况分为5级，分别记为0、1、2、3、4分，由观察者从旁观者角度评价教学中学生是否有相应的表现。0-4分别表示：0-未观察到相应表现；1-观察到个别学生有相应表现；2-观察到一半左右学生有相应表现；3-观察到大多数学生有相应表现；4-观察到所有学生都有相应表现。下图为总课程平均三维度的得分情况和12个话题平均每个维度的得分情况，由此可纵向观察教学目标的达成情况。

总体上，如下页图1所示，3个维度目标均有一半以上学生达标。在3个维度目标中，认知理解维度目标实现最好，其次为情感态度目标，最后为行为技能目标。

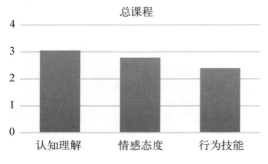

图1　三维度教学目标总体达成情况

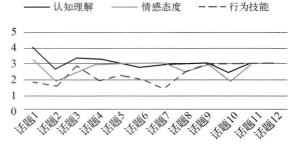

图2　三维度教学目标具体达成情况

纵向来看，如图2所示，12个话题的目标达成变化情况，认知理解维度的目标达成情况除第1、2个话题变化幅度较大外，其余话题的变化浮动基本在2.5到3.5分的区间内。情感态度维度的目标达成情况除第1、2个话题变化幅度较大、第10个话题跌至2分外，其余基本保持在2.5到3分的区间内。行为技能维度目标达成情况，以第10个话题为分水岭，第10个话题以前，是3个维度中变化幅度最大的，在1.5到3分的区间内波动；第10个话题以后趋于平稳，平均有四分之三的学生达成该维度的教学目标。

横向来看，3个维度的目标达成情况均在第1个话题和第2个话题之间呈现下滑趋势，认知理解和情感态度甚至呈骤降现象，但总体保持在2分及以上水平。根据观察者描述，两个话题中语言知识层面的目标达成情况一致；然而，在文化知识层面的目标达成情况各异，究其原因，观察者指出："话题2中家庭称呼的文化差异对于小学阶段的学生而言仍然属于较难的知识。"另外，这方面也与教师的教授方式不当有关，观察者指出，教师没有找到好的切入点去引导学生思考并认知到中美家庭组织形式的差异。在认知理解维度中，第4个话题到第6个话题，目标达成情况呈现下降趋势。根据观察者描述，在文化知识层面，第4个话题的目标达成情况较第5、6个话题的要好，主要体现在具体目标描述中的"学生能认识到中美独特的节假日"这一方面。相较于话题5中"学生能意识到中美对待某些特殊数字持不同态度"和话题6中"学生能意识到中西对待某些颜色持不同态度"，这一目标的描述将文化知识切分得更加具体，因而实现性更强。语言知识层面，话题4和话题5的目标达成情况一致，但在话题6中，观察者指出在词汇方面学生基本能熟练掌握，但在句子表达方面，"学生基本都是对着教师的PPT给出的挖空问答句式进行回答，而不是看着教师进行回答，说明学生对于该句式的内化程度/运用的灵活度欠缺。"此外，在认知理解维度中，话题10的目标实现情况总体呈现下滑趋势。观察者指出，一方面是因为教师的目标描述不够具体，"了解中式服装的基本设计特点和起源故事"这一目标描述具体指的是哪些基本设计特点不够清晰。另外，教师在讲解文化知识过程中，观察者指出："涉及很多抽象、困难的概念如日不落帝国、宗教、教义等，超出了学生的认知水平，导致无法引起学生的共鸣。"在情感态度维度中，从话题2到话题4呈现稳步上升趋势。究其主要原因，根据观察者描述，学生对话题3和4中的教学活动有较为浓厚的热情。在话题8中，这一维度目标的实现情况有所下跌。观察者指出，这主要是因为教学目标与教学各环节出现不对应的情况，即教学环节中没有出现能帮助学生实现教学目标的环节。在话题10中，本维度的目标实现情况再次出现下滑。究其原因，观察者指出："教师在讲述过程中提到了很多抽象的或者超出学生当前认知能力的概念，如日不落帝国，下午茶等。"此外，由于本节课的主要教学活动为文化讲解，课堂的主体回归给了教师，而非学生，这也导致了此维度目标实现情况不及其他话题。从话题10到11，情况发生好转。观察者指出："教师借助有趣的活动将抽象的身份认同问题转化为学生间相互访谈填写卡片的活动，学生们兴趣浓厚，通过对不同层面信息的收集了解到了个人身份认同的复杂。"由此可见，"做中学"的教学模式更加有助于学生达成教学目标。

在行为技能中，话题2和3之间呈现明显骤升。在跨文化对话层面，二者的区别并不明显，基本一致。根据观察者描述，简单用英语介绍或者描述等方面超出三年级学生目前的语言水平。在跨文化体认层面，一方面由于话题2中的文化知识难度较话题3中的大，另一方面话题3中对文化现象的差异性方面的目标描述得更为具体，可实现性因此更强。在跨文化探索层面，尽管学生在对自身所发现的文化现象异同初步进行反思，尝试探索异同出现的原因方面的尝试十分有限，相较而言，学生明显对饮食类话题更感兴趣，也更愿意去思考和探索。值得注意的是，话题3和4在这一维度的目标达成情况。这两个话题所采取的教学活动基本相同，但在目标实现情况上话题4较3低。根据课堂观察表，在跨文化对话层面，二者的目标达成情况均不佳。在跨文化体认层面，由于话题3中对其目标描述更加具体，目标实现性较话题4也更强。话题5到7的目标实现情况逐步下降，根据课堂观察表，主要原因集中在跨文化体认层面。话题5和6在此层面的目标实现情况一致，话题7中的教学目标设置不合理，观察者未能较准确观察出学生相对应的表现。在话题8中的目标实现性开始转好，根据课堂观察表，主要是因为教师在这一维度仅设置了跨文化对话层面的目标，且对其的描述更加具体，操作性和可实现性较以往肉眼可见地提升了。到话题9，目标可实现性继续上升。在这一维度中，除跨文化对话层面外，教师在跨文化体认层面将目标集中在发现文化差异方面。话题10到12，目标可实现情况均维持在3的水平。话题10和11同话题8一致，只设置了跨文化对话层面的目标，话题12同话题9一致，在跨文化体认和跨文化对话层面设置了可实现性强的具体目标。

4.2 学生角度

本部分数据主要来源于学生课堂反馈调查表和课后的半结构式访谈。

4.2.1 学生课堂反馈调查表

学生课堂反馈调查表每堂课结束后由学生填写，教师收集。该调查表共7个问题，其中前5个问题为单选题，属封闭式问题；第6题为多选题，属半封闭式问题；第7题为开放式问题，旨在倾听学生的声音。该调查表旨在了解学生对课堂整体满意度、课堂主题与内容感兴趣程度、课堂教学内容难易度、课堂教学活动感兴趣程度。此外，研究者尝试通过学生自我评估，从学生角度，了解学生上课状况与学习收获情况。

由于部分课时少数学生或请病假或因学校活动缺席，每节课收集的问卷数量不一。综合学生出席情况，剔除无效问卷，平均每节课的有效问卷达89%。

（1）课堂整体满意度

如图3所示，学生平均每节课的课题满意度高达98%，有8节课的课堂教学满意度达到了100%，说明《英语口语与跨文化交际》课程受到学生欢迎与喜爱。数据也反映出学生对教师授课主题、内容、授课方式、活动的肯定。

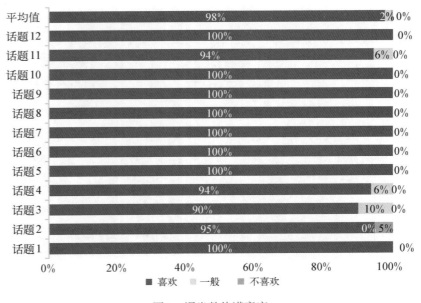

图3 课堂整体满意度

（2）课堂主题与内容感兴趣程度

如图4所示，总体而言，学生对每节课的主题、主要内容十分感兴趣，学生对每个话题的感兴趣程度均高达97%。这说明研究者在课程主题、话题和教学内容选择上是适切的，充满趣味性的。同时也说明在《参考框架》的指导下，综合考量学生具体情况（如认知水平、情感发展、英语能力及兴趣点等因素）、学生所在学校使用教学资源（如学生英语学科使用教材等）以及教师本身情况，最终挑选出课程的主题、话题和教学内容的方式是适切有效的。但具体哪个话题最受学生欢迎，需要另外的数据补充说明。

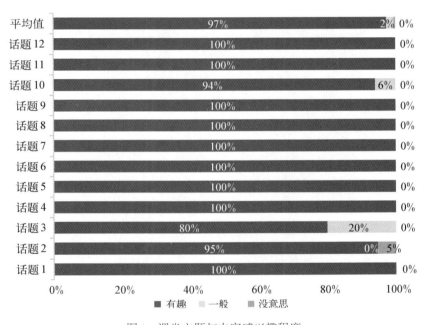

图4　课堂主题与内容感兴趣程度

（3）教学内容难易度

如下页图5所示，每节课平均有58%的学生认为教学内容较为简单，32%的学生认为教学内容难易程度恰当。本实验的参与者绝大多数为自主选修本课程，学生英语基础有一定参差。故此，有小部分学生认为教学内容较难属正常现象。总体而言，课程教学难易程度在学生可接受范围内。

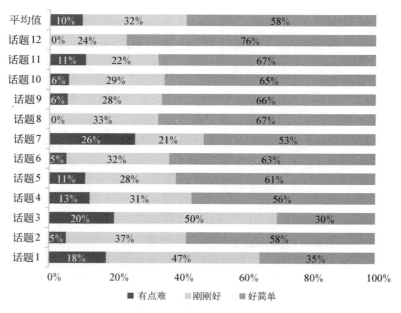

图5 教学内容难易度

（4）教学活动感兴趣程度

如图6所示，学生整体认为本课程的教学活动是有趣、好玩的。每节课基本由一个主要的教学活动构成，课堂教学活动贯穿在热身引入环节、探索体验环节和总结引申环节的始终，环环相扣，相辅相成，层次鲜明。本数据虽反映出学生对课堂的教学活动是感兴趣的，却无法回答学生具体对哪些教学活动感兴趣，这需要其他数据作补充说明。

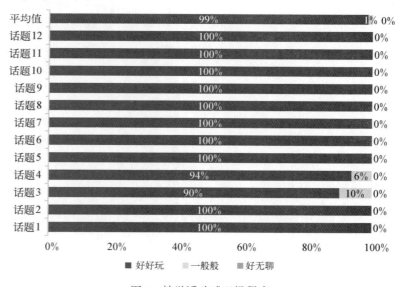

图6 教学活动感兴趣程度

（5）学生自我评价

学生自我评价分两部分：对自我课堂表现的评价和对本节课自我收获的评估。

第一部分对自我课堂表现的评估如图7所示，平均有85%的学生认为自己每堂课表现积极，13%的学生认为自己表现一般，剩余2%的学生认为自己表现不积极。学生自我评价属学生主观方面的感受，主观性较强。此外，考虑到学生年纪尚小，学生自我评价的数据只能作为参考，数据可靠性不强。学生课堂积极性方面还需结合课堂观察表和教师的教学反思日志做综合考量。

针对学生学习收获自我评价，如前文提及，第6题为多选题。此题的选项主要从认知理解、情感态度和行为技能3个维度展开设置。在认知理解维度上，一般主要设置"学习或巩固了（相关话题的）语言表达"；"学习或巩固了（相关话题的）文化知识"等选项。在情感态度维度上，一般主要设置"我对本节课（相关话题的中外文化知识）感兴趣或感到好奇"；"我觉得本堂课（相关话题的中外文化知识）很有趣或很有意思"；"我愿意接纳……的行为/习惯"；"（课后），我还想学习更多本堂课（相关话题的）中外文化知识"等选项。在行为技能维度上，一般主要设置"我发现本堂课（相关话题）的……异同"；"我会用英语词汇/简单的句子做……"；"锻炼了我的英语口语"；"我尝试反思/我了解了本堂课（相关现象）的原因"；"课后，我打算继续学习/探索……"等选项。此外，研究者特地设置了一个空白栏，让学生自行填写每节课自己的收获，以免以上3个维度的选项有缺漏。

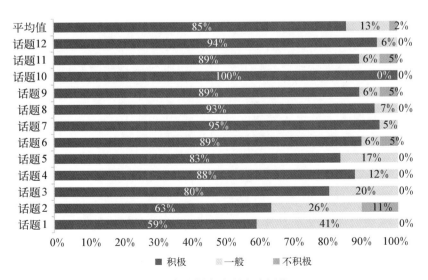

图7　学生课堂表现自我评价

如图8所示，平均来看，学生总体认为自己在认识理解维度的收获最大，高达85%。其中，学习或巩固了相关话题的语言/文化表达选择最多。57%的学生对相关话题的好奇心、学习兴趣被激发；71%的学生认为通过本课程的学习，其行为技能得到了锻炼。其中，能观察和辨识文化异同方面的目标实现最佳，其次为锻炼了我的英语口语方面。

就空白栏的开放式答题方面，绝大部分学生填写的内容为"无"，剩余学生均选择空白。

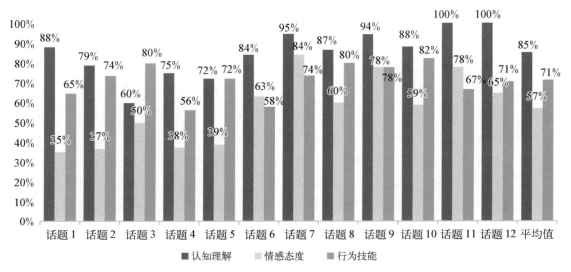

图8　学生学习收获自我评价

4.2.2　半结构式访谈

根据每节课后的学生课堂反馈调查表，研究者发现大部分学生没有回答开放式问题。一方面是因为快到下课时间，学生逐渐失去耐心填写问卷；另一方面，根据已有学生的回答来看，学生在短时间内用中文完整、恰当地讲述自己的感受较为困难，有很多汉字学生不会写，甚至直接用拼音代替。鉴于此，随着课程的开展，研究者设计在每节课前或者课后对学生进行集体访谈，以补充开放式问题的数据。

本实验共计集体访谈学生14次，每次访谈参与人数为3-5人，访谈对象随机选取，访谈时长在3-7分钟左右。由于访谈时间主要集中在课前和课后，即利用学生课余时间开展，接受访谈的学生均较为活跃。因此，收集访谈数据比较真实地反映了学生对本课程的感受。但由于课间时间仓促，多次访谈被迫中止。此外，在部分访谈中，参与访谈的学生出现突然离开的现象，这也导致访谈开展不顺，数据收集不完整。本部分采访数据未采用主题分析的方式呈现分析结果。综上，本部分实验的访谈数据仅作学生课堂反馈调查表的些许补充。

（1）课堂整体满意度

本部分的访谈主要针对当时访谈的3次课的满意度，学生的回应与课堂反馈问卷中的一致，随机接受采访的学生均回应：

"喜欢！"

"very, very, very like！"

"我很喜欢老师的课！"

"我很喜欢你们，也喜欢老师的课。"

（2）课堂主题与内容感兴趣程度

本部分的访谈主要集中在课时8，围绕话题7：What is your favorite food? 展开。被采访者均回应喜欢美食这个话题：

"我也是，我都馋了。"

"我也馋了……"

这部分数据再次说明，课程主题、话题的选择要与学生日常生活和学习息息相关的必要性和重要性。如此，学生才会乐于参与、有话可说。

（3）教学内容难易程度

针对教学内容难易部分的访谈数据来自课时9：What animals are unique to China? 的5组访谈。当被问及参与教学活动（抢答环节）时，是否感觉到参与困难，1—2名学生示意有些陌生单词让活动参与或为小组加分变得困难。

"我要说（回答问题），但是太拗口了……"

"新单词有些太拗口了……"

此外，在第10课时的访谈中，有学生表示：

"有点难……因为（抢答活动）抢不到，抢到了一下子又想不起来了。"

这部分数据解释了在话题7中26%的学生（如第62页图5所示）认为教学内容较难的原因。同时也说明学生对语言文化知识的掌握程度会影响其活动参与的积极性。此外，学生对自己在教学活动中表现的好坏也会影响学生对教学内容难易程度的判断。

在运用教学内容时，当被问及若在抢答活动中，升级活动难度，从单词、词组的抢答，切换到句子的抢答，是否可以做到，被采访的学生均表示可以。此外，在第8课时访谈的部分学生中，当被问及，是否按要求用英文参与调查问卷活动时，2-3名学生均回答：用英语说了。当被问及如果下次教师让你们随机挑选几个人，收集他们的信息"What's your lucky color/number? 你们觉得自己有能力胜任吗？"所有被采访者均点头示意可以。本部分的访谈数据说明在活动中体验、运用语言文化知识的时候，可以先易后难，适当提升活动难度。

（4）教学活动感兴趣程度

此部分访谈数据主要是对课堂反馈调查表中学生对教学活动感兴趣程度的补充，主要目的在于了解学生对哪类教学活动更加感兴趣，参与度更高。本部分访谈主要集中在第8和第9课时前后。

在被问及上课到现在，你觉得我们的课堂活动有趣吗？被采访学生均热情地回应："有趣！"

在被问及你对哪个活动印象更加深刻？或你最喜欢哪个活动时，学生反应如下：

"我最喜欢那个我们可以假装吃菜的那个（活动）。"（此处学生指的是话题三中的情景对话表演活动）

"我觉得好好玩！"

"我们每个周末都去吃（西餐）……"

"我也喜欢，但是我是观众啊，我想表演。"

"我喜欢圣诞节春节的那个。"（此处学生指的是话题4中的情景对话表演活动）

"今天还会有吗？"（此处学生问题今天是否还会有情景对话扮演活动）

当被问及是否喜欢抢答类的活动时，学生反应如下：

"抢答那个有趣！"

"抢答可以让我的脑子变快。"

"对，变精明一点。"

"我觉得抢答对学习最有帮助。"

"（抢答）可以快速回忆起单词……"

当被问及是否也喜欢模仿类的活动时，受访者均表示喜欢这类活动。但也有学生示意，喜欢此类活动：

"我不喜欢模仿法国人贴面。"（此处学生指的是话题1中的模仿交际礼仪活动）

"但是要换一些国家模仿。"

综合上述访谈数据，除学生印象深刻的教学活动外，当采访者帮学生回忆起在之前的课堂上还做过哪些活动时，学生基本示意喜欢。由此可见，学生基本对本课程的教学活动感兴趣，这与学生课堂反馈调查表中的结果一致。

（5）学生自我评价

本部分的采访数据主要来自第8和第10课时前后。针对学生课堂表现自我评价方面，当被问及，今天是否有认真上课或是否有积极回答问题时，2-3名被采访者回应"有"，甚至有学生回应有做笔记。此外，学生表示我有积极回答问题、参与小组讨论等。由此可见，很大程度上，学生认为认真听课、回答问题、做笔记、参与教学活动，即为表现"积极"。

针对学生学习收获自我评价，3名被采访者示意要继续学习有关国家的饮食禁忌。当被问及在案例分析中，是否有对有些国家的人不吃猪蹄的现象进行思考时，2-3名被采访者回应："有！"

"因为那个猪蹄的肉太脏了……"

"那个印度……不吃牛肉，因为那个牛是神……"

当被问及课后有没有自己上网查阅资料学习，有学生表示有意向课后继续学习，但客观条件不允许，如不允许携带手机等。

综合以上访谈数据，学生针对部分课的话题展现了学习兴趣和较强的学习意愿，也尽可能结合自身目前的生活经验、阅历等思考一些文化现象背后的原因。尽管在原因探析上，大部分属于"猜想"，但勇敢发言、敢于分享本身也是在培养学生的情感态度。但至于学生课后是否将学习意愿转变为具体的学习行动，即学生课后是否自主开展跨文化探索，暂无法从教学实验数据中得出结论。

4.3 教师角度

每次上课结束后，授课教师会从课堂整体印象、教学目标达成情况、教学活动、课堂组织等方面入手撰写教学反思日志。下面从认知理解、情感态度和行为技能3个维度的教学，简要分析授课教师12次课后的教学反思日志。

4.3.1　认知理解

与课堂观察表中的教学目标达成情况评价表和学生课堂反馈调查表中的学生自我评价部分所显示的数据一致，学生在认识理解层面的目标达成情况是3个维度目标中达成情况最佳的。整体来看，学生对每节课的语言文化知识掌握较好。

4.3.2　情感态度

在本维度中，教师观察到基于主题、内容和活动的融合式教学方法，使得课程教学话题、活动本身较容易激发小学生的好奇心与学习兴趣。通过参与式体验各种教学活动，学生积极性高涨。如在话题11中，教师反思道："学生对采集他人身份信息这一实践活动却很有激情，以及最后一题是思考属于自己的个人特色，这对一些孩子来说已经启发他们思考独特身份特色了。"通过教学活动的参与，学生在多个主题上表现出继续探索的学习欲望（如饮食习惯、美食、动物、建筑、服装等）。综上所述，本维度教学目标的达成情况为佳。

4.3.3　行为技能

行为技能维度目标达成情况不如前二者。根据教学反思日志，学生在跨文化体认层面的目标达成较好，基本可以通过观察发现或辨认文化现象的异同。在跨文化对话方面的目标达成情况最为不佳。"绝大部分学生不能够完全做到用外语简单流畅地交流，大部分是零散的词汇、词组，很少有学生可以说出完整的句子。"教师也提及"……用英语进行简单的交流……"此目标范围需要进一步缩小。在跨文化探索上，课堂中可以明显发现随着学生课堂参与积极性的提高，学生的分享欲也随之逐步增强。至于学生课后是否自主学习拓展，暂无法从教学实验数据中得出结论。

4.4　期末评估

4.4.1　期末反馈表

期末反馈表旨在了解学生对课程主题、教学活动的喜好，倾听学生的声音。17名学生完成了期末反馈表的填写，有效反馈表为17份。根据学生反馈的情况，总体而言，学生对每节课的主题内容很有兴趣。如下页图9所示，最受学生欢迎或印象最深刻的话题前5个分别是话题5：What is your lucky number? 话题8：What animals are unique to China? 话题3：How do you eat your meal? 话题7：What is your favorite food? 和话题4：How many national festivals do you know?

相较而言，受欢迎程度较低或学生印象较浅的话题为话题11：Who are you? 话题2：Do you live with your grandparents? 和话题12：Can our body talk?

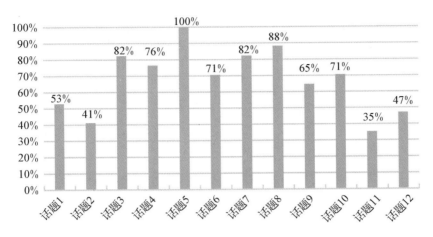

图9　话题受欢迎程度

根据学生课堂反馈调查表，学生整体认为本课程的教学活动很有意思，非常有趣。如图10所示，最受学生欢迎或印象最深刻的教学活动是头脑风暴类的抢答活动，其次为文化扮演类的情景表演活动，再次是文化讨论类的小组讨论活动。相较而言，受欢迎程度较低或学生印象较浅的教学活动为文化扮演类的模仿活动。根据第一节课观察者的课堂观察表，学生对模仿法国贴面礼表示无法接受。综合每节课课前课后访谈中针对教学活动感兴趣程度，学生并非不喜欢此类活动，而是无法接受某些外国文化习俗。由此可见，教学内容对教学活动的受欢迎程度有一定影响。同时也表明学生在对待某些文化现象的包容度有待进一步提高。

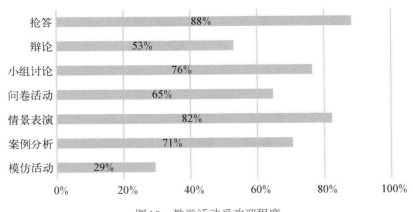

图10　教学活动受欢迎程度

尽管与学生课堂反馈调查表类似，大部分开放式问题学生的回答均为"无"或者未填写，但仍然有部分学生反馈道：希望可以学习植物（如花）、动物（如昆虫）、人物（如历史名人）、科学科技相关话题。在教学活动方面，2名学生希望多一些戏剧类的表演活动。

此外，针对反馈表中第6项问题，"下学期，是否还愿意参与此课程"，14名学生表示会参与，填写内容诸如："会！"；"一定会！"；"下学期，我还会来的"；"如果有，肯定会"。3名学生表示不确定是否会继续参与。总体而言，82%的学生愿意继续参与此课程。学生对《英语口语与跨文化交际》课程的较高的参与度反映出学生较高的学习积极性和较强的学习意愿，这也是其情感态度维度的一种体现。值得注意的是，学生较高的继续参与度离不开学生对课程总体的高满意度，离不开适切的教学主题、话题、教学内容、教学方法及合适的教学活动的选择。

4.4.2 期末测评

考虑到学生在认知理解和情感态度维度的提升可以通过外化的行为技能表现出来，针对行为技能维度的跨文化体认、跨文化对话和跨文化探索3个要素，跨文化对话能力的考察是通过口语测试进行的，测试内容包括：（1）用英语进行自我介绍；（2）从本学期课程教学的12个话题中随机抽取2-3个，与教师用英语进行简单交流。跨文化体认和跨文化探索则是通过课程结束时研究者组织的学生小组访谈的形式进行考察，一共3组，每组访谈3-5分钟。下面对学生在3个要素层面的表现进行简要分析。

（1）跨文化对话层面

根据教师基于对学生小组访谈的考察，如图11所示，41%的学生能流利地用英语简单做自我介绍和口语对话；47%的学生能在教师的提示下较为流利地用英语简单做自我介绍和口语对话；其他12%的学生能在教师的提示下，基本用英语做自我介绍/进行口语对话。

在期末的两次访谈（参与访谈学生共计12人）中，当被问及参与本课程，英语是否得到锻炼时，7-8名被采访者同时回应"有！"，他们表示说英语次数比

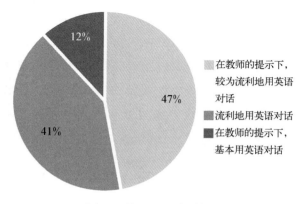

图11 学生口语测试情况

图例：
在教师的提示下，较为流利地用英语对话
流利地用英语对话
在教师的提示下，基本用英语对话

以前多了。其中一名学生回应道："我以前都不敢说……都很少举手，现在变得很多举手了。"当被问及英语是否有比参与本课程前说得更好或有提高时，两名学生表示有，两名学生表示没有：

"我是觉得太难了，所以才觉得说不好。"

"就是有些单词是生的……就比如说意大利面……"

"上完一节课，我……容易忘记。"

通过访谈，研究者了解到学生跨文化对话层面的目标达成情况，即大部分学生基本可以在教师的帮助和提示下较为流利地用英语简单做自我介绍，进行口语对话。通过本课程学习，学生的语言文化知识得到了丰富，英语口语得到了一定程度的锻炼，但由于学生没有在课后及时复习，学生对教学内容的掌握并不扎实。特别令人欣喜的是，本课程对于激发学生用英语进行交流互动的勇气和积极性起到了很大作用。

(2) 跨文化体认层面

针对跨文化体认层面，访谈的目的是了解学生是否有意识地观察和辨识家庭、学校和社会中衣食住行等方面的文化异同，是否具有发现文化现象差异的能力。

当被问及除上课中发现的与话题相关的文化现象的差异，你在生活中是否有发现国内外的文化差异呢？

学生A：语言不一样。

学生B：老师，他们的眼睛也不一样……他们的是黄色的，我们的是棕色的……

学生C：习惯……就是习俗不一样……中国的吃饭方式和美国的不一样，美国要用刀叉……

学生D：服装不一样。

学生E：喜欢的颜色不一样。

学生F：房子不一样。

学生G：喜欢的数字不一样……他们有些好像讨厌数字6，我们好像是喜欢6的……

学生H：我妈妈同事公司里来了一个外国人……妈妈的领导就请他们吃饭……吃饭的时候……外国人问这是什么肉……他们告诉他（外国人）是猪肉，他没有吃……他不能吃猪肉……他们那个地方的人都不能吃……有可能是宗教信仰……

学生I：我发现……我妈妈有一次出国，去美国，她回来告诉我，她的房子里有游泳池……

上述访谈结果显示，通过我们课堂教学的引导和启发，学生逐渐开始观察自己身边的各类文化现象，并试图辨别异同点。有些学生还能联系自己的日常生活，观察文化异同，说明学生们已具备将课堂所学应用和延伸到学校以外的生活实践。

（3）跨文化探索层面

就跨文化探索层面，小组访谈主要考查学生在课后是否有意识通过书籍、报刊、新媒体等渠道，自主接触和了解中外文化，并初步反思自身的跨文化交际行为和学习经历。

当被问及课后有没有自主收集相关资料或与周围其他同学进行讨论时，大部分被采访学生表示回家做作业占据大量时间，没有时间做。

学生A：我们都没有时间去学习，我都是在完成语数外作业……

学生B：做了，就是中国打招呼的方式是这样子的（学生呈现肢体动作，呈现其课后自主学习成果）……我在那个百度上学到的……

学生C：我们老师说过，各国打招的方式是不同的……

学生D：我搜了为什么每个国家的国宝不一样……

当被问及在现实生活中遇到外国人，你们会如何与他们打招呼?学生们均表示会根据国籍不同，采取不同的问候礼仪：

"如果是美国人，就这样和他们打招呼"（学生呈现肢体动作）。

当被问及若要请外国朋友吃饭，你会注意些什么吗?

学生A：对，要注意（此处学生指的是在请客吃饭时，要注意文化差异）

学生B：他们吃饭方式不同，我们得投其所好……

学生C：不能给（美国人）吃猪蹄……

学生D：好像是印度还是哪个国家，他们不能吃牛肉……因为印度他们把牛当成神……

如此看来，学生基本知道可以通过互联网、与他人交流等形式去学习和了解中外文化知识，但由于学习时间有限等因素，真正去实践的学生较少。这些少数学生的课外拓展学习主要是围绕课程教学的12个话题进行，学习方式主要是利用互联网的搜索引擎。同时，有些学生开始对与课堂话题相关的跨文化情景有自己的思考，会将课堂所学文化知识应用于具体情景中，结合自身生活经历，对身边文化现象进行观察和反思。

5. 讨论

5.1 学生跨文化能力提升

根据观察者的教学目标达成情况评价表、学生的学生学习收获自我评价、课间访谈和期末集体访谈以及教师的教学反思日志，综合教学实验的数据分析结果，本实验的教学目标在3个维度均较好地达成，学生的跨文化能力经过一个学期课程的学习有明显提升，也说明《参考框架》在指导英语课程教学设计、实施以此培养小学生跨文化能力方面是有效的。

具体来说，在认识理解上，学生学习或巩固了12个话题的相关语言知识、丰富了中外具体文化知识及其相关拓展知识等。在情感态度上，学生对学习不同文化的兴趣、好奇心增强，并展现出较强的学习意愿。绝大部分学生不仅期待再次参与本课程，继续学习更多相关话题的文化知识、探求文化现象背后的故事、历史等，而且开始有将课程学习与自身生活经历等结合起来的学习倾向。此外，在各类教学活动中，学生呈现出较强的分享欲，如分享自己对某种文化现象背后的成因的思考等，尽管大部分思考属于娱乐性"猜想"。

值得一提的是，回答研究问题的数据主要是在当堂课程中或结束后收集的，教师在整体教学过程中，并未特别设置对语言文化知识等复习环节，故此，在课程最后，很多学生表示知识已经忘记。尽管知识可能已经忘记，但在教学活动参与中激发的情感态度却不会。

在行为技能上，跨文化体认层面的目标达成较好，学生基本能通过观察，发现各种文化现象的异同。根据期末访谈数据显示，部分学生在经过一学期的学习后，试图结合课程话题去观察和发现文化现象异同的习惯有逐渐养成的趋势。在跨文化对话层面，根据观察者的教学目标达成情况评价表，这部分是导致整个行为技能维度的教学目标的达成情况落后于其他两个维度的主要原因。一方面是在部分课时中，教师在制定这一层面的教学目标时，目标范围较大，对小学三年级学生而言，目标不够具体。另一方面是因为尽管教学实验对象有一定的英语语言基础，但依旧有限。学生尚不能用英语与来自不同文化的人就某一话题，进行简单的英语对话或简单用英语描述某一具体现象。但就学生而言，根据学生学习收获自我评价，大部分学生认为其英语口语得到了锻炼。结合教师教学反思日志与课堂观察表，学生的英语口语锻炼主要指在教师的帮助下（如黑板板书、PPT呈现等方式），简单地用英语关键词、词组和固定句型等，围绕教学话题，在教学活动中与其他学生进行交流。故此，如将此层面的教学目标范围适当缩小，小学三年级学生在跨文化对话层面的教学目标是达标的。跨文化探索层面的教学目标达成情况不及前两个层面。从平时访谈和期末访谈结果来看，尽管学生开始对与课堂话题相关的跨文化情景有自己的初步思考，部分学生甚至会结合自身生活经验、阅历、已有知识等，对身边文化现象进行初步观察和反思，学生也会对12个话题中自己感兴趣的话题进行课后拓展学习，如问候礼仪、动物等，但达成教学目标的学生占比极少。

5.2 《参考框架》适切性与有效性

针对《参考框架》中对小学学段外语学习者跨文化能力标准描述是否适切、有效，结合课堂观察表中的教学目标达成情况评价表、学生课堂反馈调查表、教师的教学反思日志及期末访谈的数据分析结果，教学参考框架的三大维度九大要素基本符合小学生的身心发展特点和认知水平，但在具体表述上可做微调。

（1）认知理解

《参考框架》在指导教师设计小学三年级的教学目标中，中外文化知识层面有较强的指导和参考作用，依据此所作的教学目标达成情况较好，故此这两个层面的能力标准描述是适切且有效的。普遍文化知识层面的概括性较强，具体实操方面指导性较弱。三年级学生当前的认知水平、人生阅历、英文水平等，尚不足以支撑学生由具体文化知识学习跃升至一般知识的学习，设置这一层面的目标不合适，教学目标也较为难达成。故此，在具体依据此能力标准描述设置教学目标时，教师应结合学生实际情况，如学生学习水平、学习环境、学习风格等做综合考量。

（2）情感态度

文化意识、国家认同层面的目标描述适切且有效，对教学设计指导性较强，实际操作性很强。值得注意的是，在国家认同层面，就"关注当代中国发展，增强祖国意识和民族自豪感"而言，由于其范围太广，教师在制定教学目标时，最好稍作限定，即需结合教学对象具体情况（如学生所处年级、学习认知水平等）、课程话题、教学内容等制定更加细化、具体的、可操作性或实现性强的教学目标，使教学目标符合学生循序渐进学习发展的规律。在全球视野层面，建议可适当拓展其对应的目标描述，如意识到自身不仅仅是一个国家的公民，更是世界的公民等。如在话题8中，有一教学目标为"develop a global mindset of protecting animals"。根据课堂观察，大部分学生能够理解并支持教师提出的"生命的无界"的观点，并表达了要保护全世界动物的意愿。由此可见，学生对某些现象的学习与思考，是跨越政治、经济、文化等圈层的。

（3）行为技能

跨文化体认层面的目标描述适切且有效，对教学设计指导性较强，实际操作性较强。但"并能用外语进行简单描述"依旧需要教师根据学生具体情况，制定阶段性、分级化的教学目标。跨文化对话层面，"能用外语做自我介绍，并就日常学习和生活等主题与来自不同文化的人进行简单交流互动"也需教师如此。跨文化探索层面，"能有意识地通过书籍、报刊、新媒体等渠道，接触和了解中外文化"对本教学实验的教学目标指导性较弱。但这并不说明其适切性和有效性不佳。如在本教学实验中，若是在教学主题话题、教学内容、活动等设计时，教师有意识地培养学生信息素养能力，即让学生有意识地通过书籍、报刊、新媒体等渠道，接触和了解中外文化，此方面目标则有操作和实现的可能性。

5.3 教学设计的反思

教学实验数据分析结果对于研究者如何优化教学设计也提供了较好的启发。

5.3.1 教学目标设置

教师在设计课程教学总目标和每节课具体教学目标时，应运用《参考框架》，综合考虑课程性质、校本英语教材、学生特点、教师本人的教学风格以及学习环境等因素，拟定具体、可行的目标。

（1）教学目标应具体、细化。

在教学实验后期，我们根据学生英语学习水平、学习特点等，将行为技能中跨文化对话相关的教学目标进一步具体化，如"be able to match the animals unique to China and other countries in English"；"学生能在老师帮助下运用这些词与句子"；"be able to use basic adjectives (long/short, tight/loose) to describe the design of clothes"；"be able to name the characteristic clothes in English"；"be able to use the basic sentence structure of 'A is... while B is...' to compare different clothes"；"学生能在老师帮助下，使用关键词、简单句等描述某些肢体动作在这些国家所代表的意义"等。有了这些细化的教学目标，根据课堂观察者的描述，教学效果更好，达标学生更多，学生表现更优。

（2）教学过程中每个活动和步骤都应设置与本次课程对应的具体教学目标。

跨文化能力教学通常基于主题、以活动式教学方法为主，每个活动及步骤都应有其具体的教学目标，否则在教学过程中容易出现与课程教学目标偏离的情况，或者导致课堂时间不受控制。

5.3.2 教学主题与话题

根据实验数据，本教学实验选定的12个内容主题和话题均受到学生的喜爱。其中，最受学生欢迎或令其印象深刻的话题分别是What is your lucky number? What animals are unique to China? How do you eat your meal? What is your favorite food? How many national festivals do you know?除此之外，学生对植物花草、动物昆虫、历史人物、科学技术等主题也很感兴趣。

5.3.3 教学内容难易程度

教学内容的难易程度主要体现在两个方面。其一，每节课学生具体需要学习的语言文化知识，包括单词、句子或句型和话题相关文化知识等。作为小学三年级学生的英语口语类拓展课程，本实验课程的定位是帮助学生巩固所学英语语言知识，并通过对教学内容进行适当挖掘和拓展，增强他们的语言运用能力和跨文化能力。因此，教学内容的选择不宜过难，学习的新内容也不宜过多。其二，就主题内容的教学安排来说，通过教学活动的设计由易到难、循序渐进开展是原则。例如，在抢答游戏中，第一轮可先让学生用英文单词和词组进行抢答，第二轮使用常用句型或完整句子抢答，第三轮则鼓励学生用英语自由抢答，如此循序渐进，逐步提升活动难度。

此外，课堂文化知识的呈现和讨论宜从具体到抽象，先从与学生学习生活密切相关的文化现象出发，逐步过渡到具有普遍意义的社会文化现象，由近及远，由浅入深。就小学三年级学生的认知、学习风格而言，在呈现文化知识时，可以更多使用趣味性的故事、图片、视频等手段，让文化知识的学习更容易被理解和接受。

5.3.4 教学活动设计

实验数据分析显示，本课程中设计的教学活动均受到学生的欢迎，其中头脑风暴类的抢答活动、文化扮演类的情景表演活动和文化讨论类的小组讨论活动等特别受欢迎。概括而言，小学生对文化体验和参与类的活动表现最为积极。

通过总结和反思课程教学活动的实施，我们认为在设计和实施跨文化教学活动时应该注意以下几点：

（1）因地制宜，因材施教，根据教学对象设计教学活动。就本次教学实验而言，参与性和互动性较强的活动对于注意力集中时间较短的三年级学生较为适合，这样的活动能让每个学生沉浸其中，不至于因为走神而影响教学效果。

（2）每节课的教学活动应控制在3个左右，不宜过多。每次课的热身引入、探索体验、总结拓展3个环节都是跨文化教学活动设计的重点，各环节教学活动既有逻辑关系，又相对独立，共同为实现课堂教学目标服务。同时，教师应明确每次课堂教学的重点活动，辅之以其他教学活动。

（3）跨文化教学不宜采取灌输式教学。教师在讲解文化知识和文化现象的时候，应从学生的学习生活实际出发，引导学生自己去发现、探索文化现象，然后再导入文化概念和知识，进行总结和提炼。教师的角色是倾听者、同行者和引导者。

（4）课堂组织形式和课堂管理是影响课堂教学目标达成的重要因素。相较于传统的知识传授类课堂教学形式，以参与、互动为主的跨文化教学活动常常会遇到课堂难以控制的局面，特别是对于低幼年龄段的学童来说尤其如此。经过长期的实验教学经验积累，我们发现小组活动是一个有效的解决办法，即将学生分成若干小组，根据教学活动需要，或圆桌式就坐，或前后排就坐，不仅便于全班参与跨文化教学活动，而且有利于课堂管理。

（二）初中跨文化能力教学实验报告

1. 教学设计与实施

《义务教育英语课程标准》（2022年版）提出，英语课程要培养的学生核心素养，包括语言能力、文化意识、思维品质和学习能力等方面。其中文化意识素养指对中外文化的理解和对优秀文化的鉴赏，是学生在新时代表现出的跨文化认知、态度和行为选择。文化意识的培育有助于学生增强家国情怀和人类命运共同体意识，涵养品格，提升文明素养和社会责任感。在这一背景下，《中国外语教育跨文化能力教学参考框架》（以下简称《参考框架》）从认知理解、情感态度、行为技能3个维度细化了初中学段外语学习者的具体能力发展目标，为跨文化外语课堂的教学设计提供了新的思路，具有宝贵的借鉴意义。

在第3版《参考框架》的指导下，我们设计了初中学段《英语口语与跨文化交际》拓展课程，并在上海某学校初中七年级开展了一学期的教学实验。通过教学实验，我们对《参考框架》中对于初中学段外语学习者跨文化能力内容目标描述的适切性和有效性进行验证与反馈，并提出修订建议。

1.1　教学目标

中学是英语教学的主要阶段，通过中学英语教学，学生应该基本掌握英语的语言系统，并能够用英语与来自各英语国家以及世界各个国家说英语的人就日常生活的话题进行熟练、得体和有效的交流。从语言技能上来看，他们能够成为一个双语的人（bilingual），而从文化能力上来看，他们也能够成为一个双文化的人（biculturalist），或具有一定跨文化交际能力的跨文化的人（interculturalist）（张红玲，2007）。

本教学实验对象为初中七年级的学生，是中学教育的基础阶段。基于以上总体教学目标和《参考框架》，参考《牛津上海版七年级英语教材》相关内容进行教学设计，本课程拟实现《参考框架》初中学段3个维度能力目标：

（1）认知理解：文化知识的学习是教学目标设计中的基础内容。初中学生具有一定英语语言基础和生活阅历，通过书本阅读和国（境）内外旅游，同学们对中外文化知识和普遍文化知识均有一些了解；但考虑到初中生的认知水平、人生阅历和学习特点，认知理解维度的能力目标以中外文化知识的输入为基础，辅之以相应的英语语言表达学习，以引发学生对普遍文化知识，即对思维方式和价值观念等文化要素的思考为重点。例如，在讲解"交通工具"这个话题时，可以先补充相关交通工具的英文表达，再展开这个话题，如补充中国和世界一些国家的交通方式知识；最后，透过对不同交通工具的使用这一现象来看这背后所体现的一个国家的思维方式和价值观等文化要素。

（2）情感态度：情感态度的培养是教学目标设计中的重点内容。具体而言，每节课的教学设计都分为3个环节，引入热身、本节课的文化话题讲解以及点睛总结。而情感态度的培养贯穿于3个环节，并在第3个环节中予以强调。通过精选文化话题，对该话题展开讨论，并在debriefing环节中升华主题，达到情感态度的培养。例如，环境保护话题是七年级英语教材中的重要内容，同时，我们也将这一内容放入了我们的课程内容中。通过向学生展示现今的环境问题，提供各个国家的环保举措，帮助学生意识到环境保护的重要性，理解环保不是一个国家的责任，而是全人类需要面对的共同问题，这是生活在"地球村"的"地球公民"都应尽的责任和义务。应该注意的是，授课教师在帮助学生培养情感态度中起到关键性作用。授课教师要善于启发、引导学生从具体话题中抽离出来，上升到一定高度来看待问题；此外，在课堂教学中，合理安排课堂时间，预留好足够的时间对话题做引申总结。

（3）行为技能：行为技能的获得是教学活动希望达到的目标。在此过程中，英语表达能力是重要媒介。具体而言，在教学目标设计上，跨文化体认层面主要培养学生观察、辨识、描述、比较的能力；跨文化对话层面主要培养学生用英文讲述自己的文化故事、就日常学习和生活的主题进行讨论，以及与人交流的能力；跨文化探索层面主要集中在培养学生合作学习、分享、反思的能力。例如，在讲解"节日"这个话题时，授课教师讲解了国内外的重要节日（如春节和圣诞节），并要求学生能够辨认出这些节日；此外，授课教师补充了关于"节日"的英文单词和表达，帮助学生用简单的英文就这个话题进行描述、向他人介绍与交流。最后，通过跟同伴的合作学习和分享，并结合自己的"过节"经历，学生进行比较深入的反思（例如，如何看待国外节日和我们自己的节日，树立文化自信）。

1.2　教学方法

本课程遵循跨文化外语教学原则，注重语言教学与文化教学的有机结合、互相渗透，让学生通过对中外文化的探索获取跨文化知识、提升跨文化意识和敏感性、养成积极的跨文化态度，进而提升跨文化能力。

在具体的跨文化教学中，遵循循序渐进原则、系统性原则、参与互动性原则、尊重包容原则以及文化动态性原则；在教学方法上，考虑到学生的年龄特点和认知能力，采用基于主题、内容和活动的融合式教学（integrated, theme-based, content-based, activity-based instruction）方法，注重体验学习与合作学习。

课堂教学主要通过教学活动的形式展开，但教学活动的设计和教学方法的采用依据不同话题而定，包括但不限于头脑风暴（brainstorming）、文化比较（culture comparison）、小组讨论（group discussion）、互动对话（pair-work dialogue）、辩论（debate）、角色扮演（role play）、案例分析（case study）、课堂展示（presentation）、微型讲座（mini-lecture）、文化阅读（reading），每个活动包含若干教学步骤。通过不同的活动安排帮助学生更好地理解每个话题，以及话题背后的主题。

此外，通过完成不同的学习任务，创设模拟跨文化情境，让学生在讨论、对话、参与观察、角色扮演、游戏等活动中，通过聆听、观察、描述、比较、交流沟通和反思评价等行为技能感受文化差异，提升跨文化敏感性，增强跨文化意识，为提升跨文化能力做好准备。

每节课设置3个以活动形式开展的教学环节，每个环节可由一个或多个教学活动组成。3个环节具体描述如下：

（1）热身引入环节（Warm-up/Introduction）：结合学生经历引入文化主题，引发学生对生活中文化现象的关注，激发学生好奇心和对文化学习的兴趣；

（2）探索体验环节（Exploration/Experiencing）：输入文化知识，引导学生深入探索，对相关概念进行描述、反思和评价，帮助学生掌握相关知识；或创设跨文化交际情境，引导学生倾听、观察、描述、比较、交流、沟通、反思和评价，培养学生用英语表达思想、与人交流的勇气和能力。

（3）总结引申环节（Wrap-up/Extension）：从多元视角归纳总结，进一步促进学生反思，并锻炼用英语表达思想观点的能力。同时，可适当设计课后任务，帮助学生将课堂中获得的能力运用到更广阔的情境中，并激发学生的创新能力。

1.3　教学内容

本课程内容主要由10个话题组成，每个话题1-2课时，包括Greeting Customs, Transportation, Moving Customs, Food, Table Manners, Scenic Spots, Body Languages, Environmental Protection, Language以及Festivals等主题，这些话题对应校本教材的每个教学模块，且与学生学习和生活紧密相关。

表1和表2分别为教学话题与《参考框架》的对应关系和课程教学设计概览（部分内容）。

表1　教学话题与《参考框架》的对应关系

教学参考框架 / 教学话题	认知理解			情感态度			行为技能		
	外国文化知识	中国文化知识	普遍文化知识	文化意识	国家认同	全球视野	跨文化体认	跨文化对话	跨文化探索
1. How do you greet people?	√	√	√	√		√	√	√	√
2. How do you get to different places?	√	√		√		√	√		√
3. The secrets of moving to a new flat	√	√	√	√		√	√	√	√
4. A bite of food across the world	√	√		√		√	√		√
5. How to behave properly at the table?	√	√	√			√	√		√
6. A tour to famous scenic spots around the world	√			√		√			√
7–8 "Mother Nature" calls for your help			√	√		√			√
9. Can your body talk?	√	√				√	√		√
10. One world, one language?	√	√	√	√	√	√		√	√
11–12 Do you like celebrating festivals?	√	√	√	√		√			√

表2　课程教学设计概览（部分内容）

周次	话　题	教 学 活 动	内　容	对应《牛津上海版七年级英语教材》模块与单元
1	How do you greet people?	Brainstorming Video Watching Role Play	Greeting customs in China; Greeting customs in the world	Relationships/Friends from other countries

表2-1

周次	话 题	教 学 活 动	内 容	对应《牛津上海版七年级英语教材》模块与单元
2	How do you get to different places?	Brainstorming Matching Mini-lecture Video Watching Discussion	The ways Chinese people travel; Transportation in the world	Garden city and its neighbors/ Writing a travel guide
3	The secrets of moving to a new flat	Brainstorming Video Watching Pair-work Dialogue Discussion	Moving rituals in China; Moving rituals around the world	My neighborhood/ Choosing a new flat
4	A bite of food across the world	Video Watching Discussion Case Study	Chinese cuisine; Food in the world	Diet and health/ International food festival
5	How to behave properly at the table?	Video Watching Discussion and Comparison Role Play Discussion	Chinese dining customs; Eating customs in different countries; Table manners in the East and West	
6	A tour to famous scenic spots around the world	Brainstorming Video Watching Short Reading Role-play Speech	Famous scenic spots in China; Famous scenic spots in the world	Garden city and its neighbors/ Writing a travel guide
7–8	"Mother Nature" calls for your help	Research Report; Video Watching Group Work & Presentation Round Table Conference Role Play	Environmental protection in China; Environmental protection in different countries	Better future
9	Can your body talk?	Matching Cultural Comparison Video Watching Discussion	Body language in China; Body language in the world	Signs around us
10	One world, one language?	Video Watching Mini-lecture Group Reading Debate	Languages in the world; Language diversity	Better future
11–12	Do you like celebrating festivals?	Brainstorming Mini-lecture Case Study Cultural Comparison Debate Listening Practice	Festivals in China; Festivals in the world;	The natural elements/ Water festival

表 2-2

2. 研究设计

2.1 研究目的

本研究基于第3版《参考框架》设计初中生跨文化交际课程，通过一学期课程的实施，检验课程效果，进而对《参考框架》的有效性和适切性进行验证，并提出修改建议。

2.2 研究对象

本教学实验的对象是上海某学校初中七年级的一个自然班，共48名学生。第一次课实际上课人数为31人，剩余每节课实际上课人数保持在40-47人。48名学生中，男生25人，女生23人，年龄在13-14岁。

2.3 数据收集

如表3所示，我们在教学实验中全程采用了问卷调查、课堂观察、访谈等多种方式收集数据以保证研究质量。所有数据都在研究对象知情同意的情况下收集、使用。

表3　数据收集与处理概况

收集方法	工具/形式	收集时间	数　量	主要目的	数据处理方式
问卷调查	跨文化能力量表	第一次课和最后一次课	有效问卷30份	跨文化能力前后测	信度检验，配对t检验
	学生课后反馈问卷	每节课后	12次，共计491份	考查学生学习情况，调查满意度	描述性统计分析
课堂观察	课堂观察表	每次课	13次	三角验证：记录学生课堂反应情况	补充性材料
	课堂录像或录音	每次课	13次	三角验证：观察学生课堂反应情况	补充性材料
访谈	学生一对一访谈	每次课后1-2分钟	13次	评价教学效果，调查满意度	补充性材料
	学生一对多焦点访谈	期末	1次，1小时左右	评价、检验教学效果，调查满意度	主题分析
反思日志	教学反思日志	每次课后	13次	从教师角度看教学目标的达成情况，课堂效果评价和教学设计改进建议	主题分析

表3-1

收集方法	工具/形式	收集时间	数　量	主要目的	数据处理方式
其他材料	主题调研活动材料	每次活动后	2次	三角验证：考查学生课堂活动情况	补充性材料
	期末课程书面评价/反馈	期末	39份	综合评估（认知理解、情感态度、行为技能3个维度等）	补充性材料

表 3-2

3. 数据分析与讨论

3.1 整体教学效果

如数据收集表所提及，我们通过每节课后的课后反馈问卷考查学生学习情况，调查满意度。教学实验共收集12次问卷，剔除废弃问卷，共收集有效问卷491份。此外，每次课后授课团队会对个别学生进行1-2分钟针对课程的访谈。结合学生课后反馈问卷和一对一访谈，我们对整体教学效果做了综合分析。

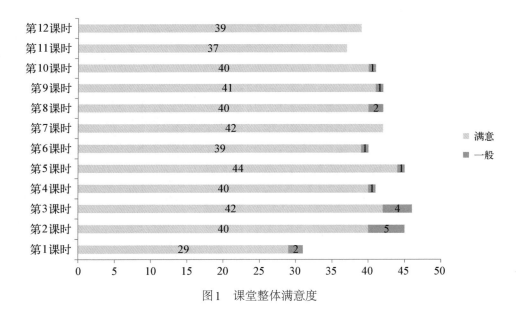

图1　课堂整体满意度

从统计数据（图1）可以看出，学生对于课堂教学的整体效果感到满意，每次课的满意度都在89%以上，有3节课的课堂教学满意度甚至达到了100%，表现出对授课内容和授课方式的充分肯定。

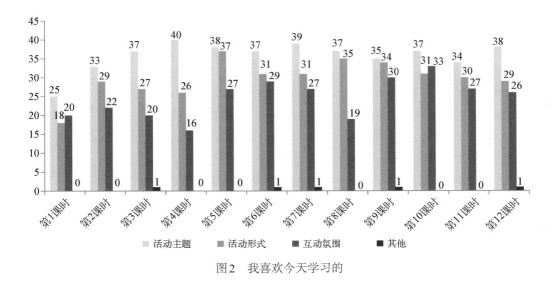

图2　我喜欢今天学习的

图2是一道多选题，根据结果可发现学生对于课堂活动主题喜爱度最高，其次是课堂活动形式，再次是互动氛围。但我们也可以看到，第1次课和第10次课的互动氛围喜爱度高于活动形式喜爱度，原因在于教师通过合理安排课堂活动，调动学生的课堂积极性，增进互动氛围。

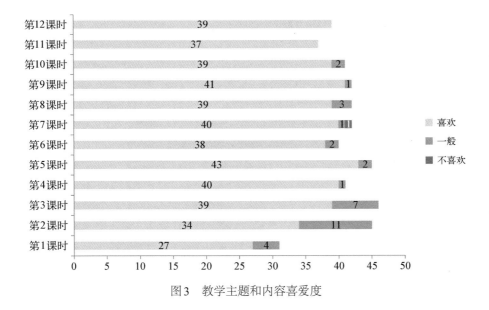

图3　教学主题和内容喜爱度

从统计数据（图3）可以看出，学生对于主题和内容总体喜爱度较高，有两次课的喜爱度达到了100%。但第2次和第3次课的受喜爱程度相对较低，原因在于内容设置较多，但受课程时长限制，未能充分展开，且出现拖堂情况，个别学生表现出了躁动不安，影响课堂效果。

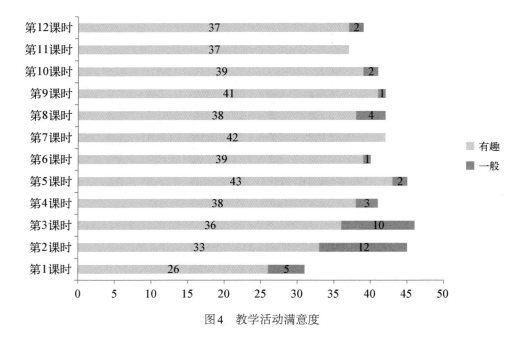

图4 教学活动满意度

从统计数据（图4）可以看出，学生对于课堂学习活动总体上感到有趣，其中第7次课的受喜爱程度更是达到了100%。不过，第2次和第3次课的受喜爱程度依旧相对较低，原因如上题所述。

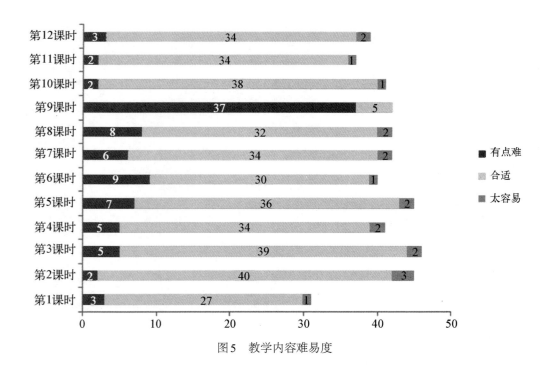

图5 教学内容难易度

从统计数据（上页图5）可以看出，除第9次课外，大多数同学认为课堂学习内容的难易程度适中。如上文提及，授课班级是一个自然班，所以少部分同学认为课堂学习内容太简单或有点难是正常情况。针对第9次课的情况，授课团队也做了反思。该次课的话题是non-verbal communication，对于七年级的学生而言比较陌生，尤其是在讲到中国以外国家的手势语，学生觉得很有趣，但难以理解这些手势语的意思及其所代表的文化内涵。此外，一些肢体语言的英文描述比较复杂，受英语水平的限制，学生理解起来有些困难。

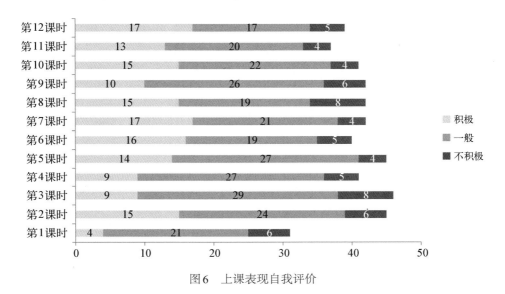

图6 上课表现自我评价

如图6显示，大多数同学认为自己在课堂上正常表现，或是表现积极，少部分同学认为自己的表现不够积极。但值得欣喜的是，对于大多数课程，认为自己积极表现的同学数量占总人数的20%以上，一些课程甚至占40%以上，占比很高，可以看出学生对本课程的喜爱。而第一次课包含课程介绍和预热的内容，教师和学生也在熟络和增进了解中，且上课人数较少，因此较少学生认为自己的表现积极，也是可以理解的。

图7（见下页）呈现的是关于英语学习收获的多选题结果。大多数学生认为通过本课程的学习，他们首先收获了英语单词和表达的知识，其次练习了英语视听，再次是练习了英语口语，该数据反映出的问题值得我们反思。本课程名称为《英语口语与跨文化交际》，旨在提升学生的跨文化能力的同时，增强学生的英语口语表达能力。但受班级规模的限制，无法做到在每节课的授课过程中，与每位同学一一进行口语交流。然而，令我们惊喜的是，每节课后都会有学生反映，除了新的单词和表达、英语视听说外，他们还通过本课程有额外

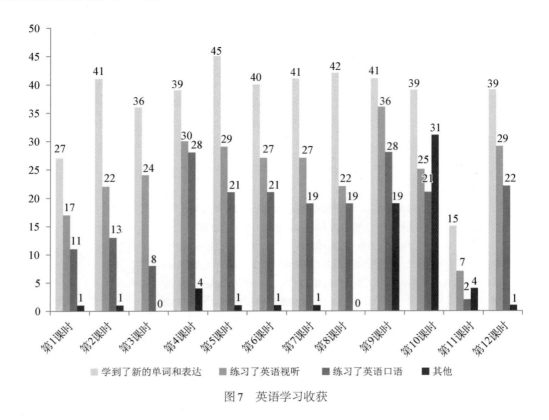

图7 英语学习收获

的收获，比如语法知识的获得，阅读能力的提高，练习了英语翻译和英语写作，练习了用英语进行采访，练习了英语的演讲和辩论等等。第9次和第10次课由于设计了英语阅读和英语辩论等环节，学生反馈的英语学习收获尤为多样。

问卷中文化学习题的选项设置根据每次课的不同话题而变化，但可以将其分为四大类，分别是认知理解、行为技能、情感态度和其他。数据显示，学生认为通过本课程收获最多的是认知理解，包括对于中国文化知识、外国文化知识和普遍文化知识的认知和理解；其次情感态度，这体现在文化意识的提高、国家认同感的增强以及全球视野的拓宽；再次是行为技能，能够识别并描述文化间的异同，进行跨文化对话以及乐于去进行跨文化探索，能够分享、交流和反思。另外，我们可以看出这三大类所占比例差距不大，这意味着同学们的收获是综合、全面的。（注：因每次课的数据较为相似且受篇幅所限，此处不将12次课数据全部列出，任意选择两次课程的文化学习收获饼状图供读者参考，如图8-1，8-2）

此外，每次课后反馈问卷的最后一题都设置了开放式的体验、意见和建议栏，从填写的反馈来看，大多数学生对于课程的主题、话题、内容和形式等

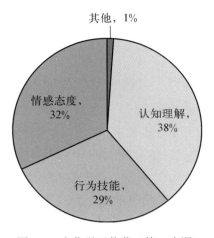

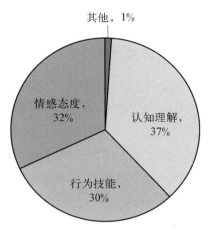

图8-1　文化学习收获（第一次课）　　　图8-2　文化学习收获（第五次课）

表达了喜爱，对课程效果比较满意。不过也有一些学生提出了他们的意见和建议：首先是希望多放一些视频，多媒体形式能够让他们更加专注且更好地理解课程内容。其次是希望多增加一些互动环节，增进互动氛围。从反馈数据来看，每节课都有学生反映没有得到跟教师互动的机会，但由于受班级人数和时间限制，全面的一对一互动难以实现。再次，有的学生希望教师可以多一些全英文表达，有些学生希望教师可以多一些中文表达，针对这些差异化需求，作为授课教师只能尽量平衡，满足大多数学生的需求。最后，有学生希望可以多一些课堂活动的分组形式，减少小组人数，最好是4-6人为一组，并且希望可以跟自己熟悉的同学在一组。针对这一问题，我们认为，活动分组一定程度上是希望打破学生的交际舒适圈，希望学生去结识更多的朋友，互相交流、分享、合作、学习，进行有效交际。此外，以上这些建议也从侧面体现出学生希望积极参与课程的热情以及对本课程的兴趣。

此外，我们在期末还组织了关于本课程一对多学生焦点访谈和书面评价/反馈。根据学生反馈，他们日常的英语学习以语法和词汇学习为主，英语视听说等为辅，受访学生一致认为本课程与他们之前上的英语类课程有较大区别，接触了很多平时英语课学不到的东西，比如文化拓展内容的补充，而且讨论的环节更多，因此有了更多用英语去表达去交流的机会。同时，受访学生都表示非常喜爱每节课的文化话题，但同时也希望后续课程能加入一些他们感兴趣的其他话题，如：生物、战争、服饰、时尚、体育运动、音乐舞蹈、建筑风格等。而就课堂活动而言，学生最喜欢的是辩论、角色扮演和小组讨论。同时，他们也提出可以增加一些新颖的活动形式，比如有奖竞猜、你画我猜、小剧场、小组辩论等，增加课堂活动的趣味性。

3.2 学生跨文化能力提升

3.2.1 跨文化能力前后测

为验证课程对学生跨文化能力提升的有效性，我们在课程前后采用张红玲、姚春雨（2020）、罗梦超（2020）改编的跨文化能力量表对学生进行了跨文化能力测试。该量表经实证研究检验，具有较高信度。量表形式为李克特6级量表，选项0–5代表由弱至强的跨文化能力，量表内容由44个项目构成。原改编量表有4个维度，但本研究报告结合教学参考框架，整合相关内容，将44个项目划分成认知理解、情感态度和行为技能3个维度，分别对应的题号如下：

认知理解：1、2、3、4、5、6、7、8、11（共9题）

情感态度：12、13、14、15、16、17、18、19、20、21、22、23、24、26、27、36、37、38、39、40、41、44（共22题）

行为技能：9、10、25、28、29、30、31、32、33、34、35、42、43（共13题）

如上文所提及，跨文化能力测试量表在第一次课和最后一次课发放，由于学校安排变化，第一次课实际上课人数为31人，有1人放弃填写量表，实际收取有效数据30份；最后一次课实际上课人数47人，实际收取有效数据45份。经前测和后测数据配对，最终产生30个有效样本。

研究者首先使用统计软件 SPSS 23.0 对学生跨文化能力前后测问卷数据进行了信度测试。结果表明，问卷3个维度题项的 Cronbach's alpha 均大于0.8（见表4），说明量表信度理想。

表4　信度测试结果

	Cronbach's alpha		题　项
	前　测	后　测	
认知理解	0.897	0.882	9
情感态度	0.950	0.916	22
行为技能	0.859	0.817	13
总 量 表	0.964	0.950	44

从教学班级在认知理解、情感态度、行为技能3个维度的前测和后测描述来看（表5），后测的平均得分均高于3.8，且高于前测。由此可以看出，在经过一学期的课程学习后，该班级学生在认知理解、情感态度、行为技能维度的跨文化能力都有较大提高。

表5　实验班级在维度前测和后测的描述

		平均值	个案数	标准 偏差	标准 误差平均值
配对 1	认知理解前测	3.470	30	0.773	0.141
	认知理解后测	4.156	30	0.663	0.121
配对 2	情感态度前测	3.930	30	0.729	0.133
	情感态度后测	4.229	30	0.587	0.107
配对 3	行为技能前测	3.490	30	0.746	0.136
	行为技能后测	3.882	30	0.635	0.116

经配对样本t检验（表6）可以看出，该教学班级在认知理解、情感态度、行为技能的后测与前测有显著差异（$p < 0.05$）。从平均值来看，该班级在3个维度的后测平均得分显著高于前测得分，由此可以看出，在经过一学期的课程学习后，该班级学生在认知理解、情感态度、行为技能维度的跨文化能力都有较大提高。

（表6　配对样本t检验）

		配 对 差 值					t	自由度	Sig.（双尾）
		平均值	标准偏差	标准误差平均值	差值95%置信区间				
					下限	上限			
配对 1	认知理解-认知理解后测	−0.685	0.613	0.112	−0.914	−0.456	−6.124	29	0.000**
配对 2	情感态度-情感态度后测	−0.299	0.595	0.109	−0.522	−0.077	−2.753	29	0.010*
配对 3	行为技能-行为技能后测	−0.392	0.692	0.126	−0.651	−0.134	−3.107	29	0.004**

（*$p < 0.05$　**$p < 0.01$）

3.2.2　半结构焦点访谈

如前文提及的，期末时我们组织了一场一对多的学生焦点访谈，以期更全面地了解学生对于本课程的看法，并检验学生跨文化能力是否通过课程得到提高。我们通过自愿报名的方式选出12名学生，进行了52分钟的半结构访谈。根据访谈内容，我们发现学生在3个维度的跨文化能力都有所提高，具体如下：

（1）认知理解维度

认知理解的培养是本课程的基础，每节课的话题都涉及外国文化知识的补充，访谈中提问学生相关外国文化知识，学生都能够回忆并回答出来，说明他们对课上教授的外国文化知识有很好的掌握和理解。比如，访谈者请学生们分别列出一个课上讲解过的、令其印象深刻的外国文化知识点：

同学A：餐桌礼仪：吃西餐时，左手拿刀，右手拿叉，用手直接去拿面包，而不是用刀叉；

同学B：交通方式：每个国家都有一些特色的交通方式，比如柬埔寨人至今还会乘坐"竹火车"；

同学C：环境保护：日本的环保措施让我印象深刻，他们有一个村子被称为"零污染村"；此外，他们使用科学的降解剂进行垃圾处理，有效避免了垃圾污染；

同学D：搬家习俗：课上我们学到了在一些国家的某些地方，他们有着独特的搬家习俗，比如在俄罗斯的一些地方，搬到新家时，需要先让一只猫进去，他们认为这样的做法可以给这个家庭带来好运……

通过对外国文化知识的讲解，课程也帮助学生更好地了解和理解了中国文化知识。访谈中，我们提问学生课上讲解过的中国文化知识，学生都能够回答出来，并且能够通过外国文化知识的学习做到举一反三。例如，访谈者请学生分别列出一个课上讲解过的、令其印象深刻的中国文化知识点：

同学A：餐桌礼仪：从小爸爸妈妈就和我们说要"尊老爱幼"，这样的想法也体现在餐桌礼仪上，和长辈一桌吃饭时，要等长辈先动筷子，小辈才可以动筷子；

同学B：饮食文化：课上我们有学过世界各地的代表性美食以及其背后所蕴含的文化，同样，也对中国的美食有了更加深入的了解，让我感叹中国饮食文化的博大精深，我们有八大菜系，有十二种烹饪方式；此外，中国的美食历史悠久，且受各国朋友的喜爱——中餐馆遍布世界各地；

同学C：餐桌礼仪：西方的餐桌礼仪中讲到，喝汤时不能发出声音，这是一种不礼貌的行为；而我们中国的餐桌礼仪中提到，喝汤时发出声音，代表着一种喜爱，是对于烹饪者厨艺的赞赏。这可能就是中西方文化的差异吧，了解这样的知识，真是非常有趣……

在补充完外国和中国文化知识后，教师还会对这些知识进行升华，通过画龙点睛的处理，帮助学生站在一定的高度来理解文化内涵，即表象文化背后的价值观念和思维方式，以此拓展学生的普遍文化知识。访谈中，学生谈及了很多中外文化的差异，并且能自觉地挖掘中外文化的共同点：

同学A：比如说餐桌礼仪中，不管是中国的餐桌礼仪还是西方的餐桌礼仪，都强调在用餐时的礼貌，永远保持微笑，always be polite and always be smile，这个价值观念就是中外文化中都强调的；

同学B：比如在学习语言和非语言交际时，我们会发现每个国家除了有自己的语言外，也都会用一些肢体语言，如手势语等来交流，non-verbal communication的力量有时比语言交流更有效……

(2) 情感态度维度

情感态度的培养是授课的重点，教师通过文化知识的讲解，帮助学生看到不同文化的差异和共通之处，培养学生对待不同文化的开放和包容的态度。此外，一方面帮助学生有意识地遵守自己所属群体的行为规范，另一方面帮助学生积极探寻外国文化，勇于与来自不同文化的朋友交流。访谈中，当问到是否在学习课程后，会更愿意、更主动地了解中外文化时，他们异口同声地回答：会，并做了如下表达：

同学A：通过课程的学习，也让我感受到了外国文化的多姿多彩，我非常愿意多了解；

同学B：我一直有两个外国朋友，他们一个来自美国，一个来自英国，他们非常热情，可能是受他们国家文化的影响，所以我非常想多了解他们的文化，和他们多多交流……

在培养文化意识的基础上，我们也能感受到学生通过本课程的学习，形成了更强的民族自尊和文化认同：

同学A：祖国就像我们的母亲，通过课上老师的讲解，我们更加感受到了祖国文化的博大精深，我非常愿意多多去了解我们的文化；

同学B：我认为作为一个中国人，我对我的文化感到自豪，今后的学习和生活中我有强烈的意愿去了解和探究；

同学C：课上我们学习了中华民族的传统美食和餐桌礼仪，我们感叹我国美食文化的博大精深和餐桌礼仪的文化内涵，为我是一名中国人而骄傲；

同学D：在学习环境保护这个主题时，我学习到了我们国家为了保护自然母亲做了很多努力，制定了很多法律法规来规范人们的行为，并且取得很不错的效果，这让我非常骄傲；

同学E：老师在讲到交通工具这个话题时，她介绍了新时代中国领先的交通工具，比如四通发达的高铁体系，这让我非常为祖国感到骄傲。虽然我们现代交通体系发展得比较晚，但是发展得很快，甚至超过了很多发展很早的西方国家……

每次课的引申环节，教师都会提到，世界文化是多样的，但也具有相通性，此外，"地球村"这一概念也在课上被多次提及，我们希望以此来提升学生的全球视野和"人类命运共同体"意识。在访谈中，学生对"地球公民"这个概念的看法也体现了课程在这方面的有效性：

同学A：我是一个比较理想的人，我希望生活在"地球村"的人们可以放下隔阂和不快，去解决一些大的问题，比如环境问题。因为环境破坏了，这不是一个地区人们受害，受害的是整个人类；

同学B：我很同意"地球村"这个说法，这让我想起了"共产主义"这个说法；

同学C：我认为老师给我们介绍的"地球村"的概念非常好，我们都生活在"地球村"，我希望大家世界人民可以一定程度上放弃自己的一些利益追求，大家都能够十分美好地生活在一起；老师介绍的"人类命运共同体"的概念也非常好，这样我想到了"乌托邦"这个概念；这可以结合老师课上讲的环保问题理解……

（3）行为技能维度

行为技能的培养是本课程的目标。对于每个文化主题，教师不仅会进行介绍和比较，还会给学生补充相关的英语单词和表达，让他们用英语进行简单描述和比较；此外，教师也相当注重培养学生留心观察和善于倾听的能力。在访谈中，当问到学习本课程后，是否可以用简单的英文来介绍课上的一些文化话题时，12名学生纷纷举手表示可以；当问到学生是否可以在一些社交礼仪中辨认出哪些是中式礼仪，哪些是西方礼仪时，11名学生举手表示可以；为了验证反馈的真实性，我们列出课上讲解的打招呼方式，如贴面礼、握手、碰鼻礼等，12名学生均回答准确。此外，我们又列举了一些课上讲解的中式、西式餐桌礼仪，如长辈先动筷子，桌布对折、放在膝盖上、开口方向面向身体，吃饭时双手放在桌上等，同学们均能准确辨认。

在跨文化对话方面，受访学生表示在学习本课程后愿意并能够使用简单英文向外国友人讲述自己的文化故事，并与来自不同文化的朋友就我们课上所讲过的文化话题进行交流，但交流的程度受到了年龄、认知和英语水平的限制：

同学A：我很愿意尽量用英文去跟外国朋友讲述我的文化故事，但是我不确定我能不能用英文表达好。我也很愿意跟外国朋友去交流我们课上讲解的这些文化话题，因为它们非常有趣。不过我觉得这样的交流应该低调点，不能让别人感觉到我们是在炫耀自己的文化（做到equal-conversation）；

同学B：因为大家来自不同的文化，所以沟通不可能一帆风顺，在这个过程中误解，甚至冲突是不可避免的。但我很愿意去进行跨文化交流，我觉得跨文化从字面来看，就是我先放下自己这边的文化，放下自己的一些固有成见，试着去了解另一个国家的文化，这样才可以促进国家间的交流。也就是像之前说的那样，生活在"地球村"里的人需要交流，不能固地自封；

同学C：用课上学过的英语单词和表达我可以的，但只能简单交流……

在跨文化探索方面，当问到是否愿意跟同伴分享自己的文化故事、交流学习体验时，受访学生均表示愿意。但受年龄限制，关于对自身的跨文化交际行为和学习经历进行比较深入的反思这个能力目标，七年级的学生能够根据自身经历进行反思，但反思的深度还需要教师更好地引导：

同学A：我有进行反思，比如我们课上学到了环境保护这个主题，当我学习到其他国家的环保措施，我会跟我们平时所做的"垃圾分类"等环保措施相联系，去思考我们这样做的意义；

同学B：当我学习了中西方餐桌礼仪，我会把学到的内容跟我自己家里的餐桌礼仪相联系，思考有哪些异同之处；

同学C：我记得老师让我们做过课前调研，关于我们日常生活中正在进行的"垃圾分类"环保措施，之后课上我们又学习了国内外的环保措施，这让我通过对比进行反思……

总体而言，受访学生均对本课程给予了积极评价，认为课程对他们有所帮助，如扩展了中外文化知识、英文词汇量；提高了英语表达能力；对其他国家的文化更加好奇，且更愿意去分享和传播本国文化；纠正了关于外国文化的错误判断和对外国文化的误解；拓宽了国际视野等等。

3.3 教师反思

除了从学生角度评价课程，我们还收集了教学反思日志和课堂观察表，以期从多种视角对课程进行全面、客观的评价。其中，教学反思日志是从授课教师的角度来审视课堂教学效果及3个维度能力目标的达成情况，反思不足，改进课程授课模式。课堂观察表是从课堂观察者的角度，通过对课堂教学情况的观察，判断课堂教学效果以及3个维度能力目标的达成情况，帮助授课教师反思不足，改进课程。

就课堂教学效果而言，本课程以活动的形式进行教学设计，遵循注意-理解-运用-反思-内化的教学模式。具体来说，通过活动设计吸引学生注意，补充话题内容帮助学生理解，创设情境让学生对所学内容加以运用，debriefing环节帮助学生反思，以及最终完成知识的内化。总体而言，本课程教学效果较好，学生能够积极参与，配合教师的教学，完成课堂内容的学习，且学生在认知理解、情感态度、行为技能维度都有了较大提升。

但在教学过程中也发现一些阻碍，如班级人数过多是主要困难，这导致一些活动不能充分展开，影响师生互动、生生互动效果。而教学主要不足则在于教学容量和时间的安排，个别课程的活动设计过多，debriefing环节时间预留不足，影响整体教学效果。

4.《参考框架》修改建议

基于以上讨论，我们对第3版《参考框架》提出如下修改建议：

（1）认知理解维度

《参考框架》在指导教师设计七年级的教学目标中，中外文化知识层面有较强的指导和参考作用，且通过以上研究结果可以看出，学生基本能够达到这两个层面的能力目标，是适切且有效的；但在普遍文化知识层面，受学生当前的认知水平、人生阅历、英文水平等限制，从具体文化知识的学习到一般文化知识的学习尚有难度，还需要继续学习和沉淀；当然，在我们授课的自然班中，有个别同学特别出挑，可以基本达到这一层面的能力目标，但这只是个案，不能支撑该能力目标的普遍适切性和有效性。建议仿照外国文化知识和中国文化知识层面的能力目标，细化普遍文化知识能力目标的描述，并丰富其内容，如：进一步理解文化内涵，如物质文化、制度文化和心理文化等；了解文化禁忌、语言和非语言交际行为及思维方式和价值观念等文化要素。

（2）情感态度维度

《参考框架》在指导教师设计七年级的教学目标中，情感态度维度有较强的指导和参考作用，且通过以上研究结果可以看出，学生基本能够达到这一维度的能力目标，是适切且有效的。建议可在全球视野层面进一步丰富，如：在学习中国文化和外国文化的过程中，积极探究文化异同，认识"地球村"的概念和意义，理解和欣赏世界文化的相通性和多样性；对全球性问题充满好奇，关心全球性事件。

（3）行为技能维度

《参考框架》在指导教师设计七年级的教学目标中，行为技能维度有较强的指导和参考作用，且通过以上研究结果可以看出，学生基本能够达到这一维度的能力目标，是适切且有效的。建议具体做如下修改：在跨文化体认层面，"能倾听他人的文化故事"一条，概念模糊，如果表示能够听懂他人用英文表述的文化故事，那么对于七年级的同学而言要求过高，学生很难达到，建议删除。在跨文化探索层面，对于"深入的反思"要求较高，可稍加解释，并加上教师的引导作用，如：能在教师引导下对自身的跨文化交际行为和学习经历进行比较深入的反思，透过自己的经历表象看到其背后的文化线索。

5. 总结

综上所述，根据教学实验的结果，我们认为，以《参考框架》为指导的教学设计对学生跨文化能力和英语能力的提升有积极作用，《参考框架》中对于初中学段外语学习者跨文化交际能力目标的描述较为准确。

但不可否认的是，本研究也存在一定的局限性。首先，教学对象均来自上海，且来自一所外国语中学，学生们的英语学习起点高、条件好，英语能力相对较强，大多学生从幼儿园就开始学习英语，且不少学生都有外教陪练英语口语，有跨文化学习的经历。此外，教学对象来自初中七年级，不能代表初中学段的全部情况。因此，未来的教学实验应该走出上海，且在初中不同的年级进行，以进一步验证《参考框架》的适切性。

（三）高中跨文化能力教学实验报告

1. 课程设计

1.1 课程概况

《普通高中英语课程标准》（以下简称《标准》）指出，普通高中英语课程具有重要的育人功能，旨在发展学生的语言能力、文化意识、思维品质和学习能力等英语学科核心素养，落实立德树人根本任务。《中国外语教育跨文化能力教学参考框架》（以下简称《参考框架》）对接英语学科核心素养，以跨文化能力教学为落脚点，细化了高中学段外语学习者在认知理解、情感态度、行为技能3个维度的跨文化能力发展目标。同时，《标准》建议为有意愿拓展兴趣、发展潜能和特长的学生开设相应的拓展类选修课，《跨文化交际》课程赫然在列。因此，为检验第3版《参考框架》的适切性和有效性、探索适用于高中学段英语学习者的跨文化外语课堂教学模式，研究团队与上海市某重点高中英语教师合作，开设了面向该校高一学生的拓展类选修课程《英语口语与跨文化交际》。该课程每周一个课时，每课时40分钟，课程内容与教学活动由研究团队主导设计开发，参考高中英语教材及教师建议，围绕跨文化交际核心概念及理论，结合学生特点与兴趣选择难度适宜的话题，在为学生输入跨文化交际学科知识的同时，锻炼其语言能力和思维品质，发展其文化意识和学习能力。

1.2 课程目标

本课程总目标旨在促进学生英语能力和跨文化能力的双轨同步发展，并基于第3版《参考框架》对高中学段外语学习者跨文化能力的目标描述设置3个维度的具体目标。课程目标叙写如下：

通过本课程的学习，学生在提高英语口语表达的同时，能够增强跨文化意识，发展跨文化能力，具体包括：

（1）在认知理解维度，丰富各类文化知识，包括外国文化知识、中国文化知识及普遍文化知识；

（2）在情感态度维度，增强跨文化意识和敏感性，理解和欣赏世界文化多样性，发展全球视野；增强自我认知和文化身份认同，反思可能存在的文化中心主义思想；

（3）在行为技能维度，基于自己的理解对不同文化进行描述、比较；向他人讲述自己的文化故事并与来自不同文化的人交流思想观点；初步具备避免和应对跨文化冲突的能力；在深入反思自身跨文化交际行为和学习经历的基础上，基本掌握跨文化交际的普遍原则和一定的学习策略，并对自己感兴趣的文化开展探索式学习。

1.3 课程内容与教学主题

就课程内容而言，本课程围绕跨文化交际学科的核心概念进行串联设计，共设四大模块（Modules），即认识文化（Learning about culture）、认识自我（Learning about ourselves）、认识语言（Learning about languages）、认识交际（Learning about communication），每个模块下设若干主题（Themes），通过具体教学话题（Topics）进行教学（见表1）。每个课时完成一个话题的教学任务，一学期共12课时。所选话题基本涵盖第3版《参考框架》的全部内容目标，具体对应关系见下页表2。

表1 教学模块、主题、话题与重点

课时	模 块	主 题	话 题	教 学 重 点
1	认识文化 Learning about culture	The Concept of Culture	What do you know about culture?	引入核心概念：文化
2			What is culture like?	
3	认识自我 Learning about ourselves	Chinese Values; National Identity	What do we mean by "Chinese culture"?	探索价值观念；构建身份认同
4			What is important to Chinese people?	
5		Identity	Who am I?	构建身份认同；引入核心概念：身份认同
6		Identity; Gender Stereotype	What does it mean to be a "girl" or a "boy"?	破除刻板印象；引入核心概念：刻板印象
7	认识语言 Learning about languages	Language Diversity; World Englishes	Who speaks English?	破除刻板印象；构建身份认同
8			Do accents matter?	
9	认识交际 Learning about communication	Verbal and Nonverbal Communication	What happens when two cultures meet?	理解文化差异；尝试成功交际
10			How do people communicate?	理解文化差异；引入核心概念：交际，交际风格
11		Communication Styles	What is your communication style?	
12			Public or private?	理解文化差异；尝试成功交际

表2　教学话题与《参考框架》的对应关系

教学参考框架＼教学话题	认知理解			情感态度			行为技能		
	外国文化知识	中国文化知识	普遍文化知识	文化意识	国家认同	全球视野	跨文化体认	跨文化对话	跨文化探索
1. What do you know about culture?		√	√	√	√		√	√	√
2. What is culture like?	√	√	√	√	√		√	√	√
3. What do we mean by "Chinese culture"?		√	√	√	√		√	√	√
4. What is important to Chinese people?	√	√	√	√		√	√	√	√
5. Who am I?			√	√			√	√	√
6. What does it mean to be a "girl" or a "boy"?			√	√		√	√	√	√
7. Who speaks English?	√		√	√		√	√	√	√
8. Do accents matter?	√		√	√	√	√	√	√	√
9. What happens when two cultures meet?			√	√			√	√	√
10. How do people communicate?			√	√			√	√	√
11. What is your communication style?	√	√	√	√			√	√	√
12. Public or private?			√	√			√	√	√

1.4　教学方法

本课程采用基于主题、内容和活动的融合式教学（integrated, theme-based, content-based, activity-based instruction）方法，注重体验式学习与合作学习，是一种以主题串联的内容语言融合的体验式学习。

每节课设置以下3个教学环节：

（1）热身引入环节（Warm-up/Introduction）：结合学生经历引入文化主题，引发学生对生活中文化现象的关注，激发学生好奇心和对文化学习的兴趣；

（2）探索体验环节（Exploration/Experiencing）：输入文化知识，引导学生深入探索，对相关概念进行描述、反思和评价，帮助学生掌握相关知识；或创设跨文化交际情境，引导学生倾听、观察、描述、比较、交流、沟通、反思和评价，培养学生用英语表达思想、与人交流的勇气和能力。

（3）总结引申环节（Wrap-up/Extension）：从多元视角归纳总结，进一步促进学生反思，并锻炼用英语表达思想观点的能力。同时，可适当设计课后反思问题，帮助学生将课堂中获得的能力运用到更广阔的情境中，并激发学生的创新能力。

教学活动类型包括但不限于头脑风暴（brainstorming）、文化比较（culture comparison）、小组讨论（group discussion）、辩论（debate）、角色扮演（role play）、案例分析（case study）、模拟游戏（simulation game）、微型讲座（mini-lecture）、自我评估（self-assessment）等活动，每个活动包含若干步骤。每个话题所采用的教学活动与活动类型见表3。

表3　教学活动概览

	话　　题	教 学 活 动	活 动 类 型
1	What do you know about culture?	Iceberg of culture	Brainstorming & Group discussion & Mini-lecture
2	What is culture like?	Analogies for culture	Mini-lecture & Group discussion
3	What do we mean by "Chinese culture"?	Top 5 Chinese values	Group discussion
4	What is important to Chinese people?		
5	Who am I?	Aspects of identity	Brainstorming & Group discussion
		Where are you from?	Case study
6	What does it mean to be a "girl" or a "boy"?	What girls/boys should (not) be/do	Brainstorming & Group discussion
		Attending a school club	Role play
		Read a poem — *Every Girl, Every Boy*	Mini-lecture
7	Who speaks English?	Guess the accents	Guess game

表 3-1

101

	话 题	教 学 活 动	活 动 类 型
8	Do accents matter?	Should accents be standardized?	Debate & Group discussion
9	What happens when two cultures meet?	Alpha Culture & Beta Culture	Simulation game & Mini-lecture
10	How do people communicate?		
11	What is your communication style?	A noisy roommate	Role play
		Advantages and disadvantages of the communication styles	Group discussion
		Check your own communication style	Self-assessment
12	Public or private?	Public/Private Self-Assessment	Self-assessment & Group discussion

表 3-2

2. 教学实验设计

2.1 实验目的

本教学实验基于第3版《参考框架》设计针对高中生的跨文化交际课程，旨在通过一学期的课程实施，检验课程效果，进而对第3版《参考框架》的有效性与适切性进行验证，同时对其提出进一步完善修改的反馈建议。

2.2 实验对象

本课程为拓展型课程，教学对象为上海市某重点高中一年级学生，人数为24人，其中男生10人，女生14人。课程内容与教学活动由研究者设计，执教者为该中学英语教师，教龄3年，教育背景为英语语言文学硕士。

2.3 实验数据收集与分析

为保证研究质量，本研究的数据来源包括质性和量化两种类型，如表4（见下页）所示，问卷调查、课堂观察、文献资料、访谈等多渠道数据构成了本研究的数据库，并针对不同类型数据采取了不同的分析方法。所有数据都在研究对象知情同意的情况下收集、使用。

表4　数据收集与处理概况

收集方法	工具/形式	收集时间	数量	目的	处理方式
问卷调查	跨文化能力量表	期初、期末	有效问卷24份	跨文化能力前后测	信度检验、配对t检验
	课后反馈问卷	每节课后	11次，共257份	考查学生学习情况，调查满意度	描述性统计分析
	课程评价问卷	期末	有效问卷24份	调查满意度	描述性统计分析
课堂观察	课堂录像或录音	每节课	12次	三角验证：记录学生课堂反应情况	补充性材料
	课堂观察表	每节课	12次	三角验证：观察学生课堂反应情况	补充性材料
文本资料	研究者反思	不定时	8次	三角验证：课堂效果评价及教学设计改进建议	补充性材料
	学生反思日志	期中、期末	3次，各24份	考查学生学习情况，评价教学效果	主题分析
	学生课堂活动材料	每次活动后	4次	三角验证：考查学生课堂活动情况	补充性材料
访谈	教师一对一访谈	每节课后、期末	12次，时长x分钟	教师的课堂效果评价、教学设计与《参考框架》改进建议、教师专业发展收获	补充性材料
	学生访谈一对一或焦点团体	期末	1次焦点团体，6人，28分钟 2次一对一访谈，各16分钟	评价教学效果，调查满意度	主题分析

3. 教学实验结果分析

3.1　课程评价

3.1.1　学生评价

（1）满意度与喜爱度

课后反馈问卷结果显示（下页图1），每节课的整体满意度都占了70%以上，平均满意度达到91.9%。

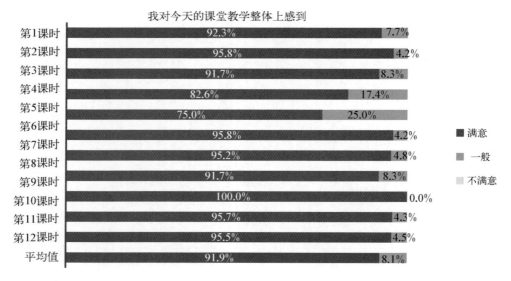

图1　课后反馈问卷整体满意度

期末课程评价问卷结果显示，大部分学生认可课程的意义（15人，62.5%，非常有意义；7人，29.2%，有意义），普遍认为课程符合期待（13人，54.2%，完全同意；7人，29.2%，比较同意），对课程质量评价整体较好（13人，54.2%，非常好；9人，37.5%，好），大多对后续课程有所期待（17人，70.8%，完全同意；5人，20.8%，比较同意），对课程的知识性、趣味性、实用性普遍满意（见图2）。

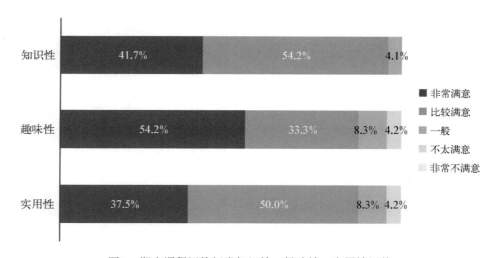

图2　期末课程评价问卷知识性、趣味性、实用性评价

课后反馈问卷结果表明学生对课堂的互动氛围、主题内容和活动形式喜爱度较为均衡（见下页图3），对每节课主题内容的喜爱度均超过75%，平均

达89.7%（见图4），而对每次教学活动的趣味性评价也达到了均值88.4%，甚至有3次达到100%（见图5）。在访谈中学生们也称赞了课程主题生活性、趣味性以及知识性的优点：

"我觉得挺有趣的，增长我们的见识，同时对外国文化有了更多的了解。"（焦点团体，学生1）"这门课的主题挺好的，因为它主要是围绕着一些社会上存在的一些问题和我们一起交流，所以也挺增长我知识面的。"（焦点团体，学生2）

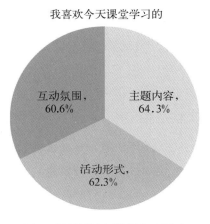

图3 课后反馈问卷课堂喜爱度

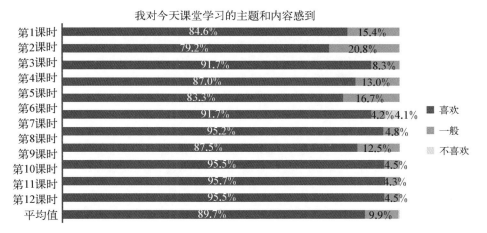

图4 课后反馈问卷主题内容喜爱度

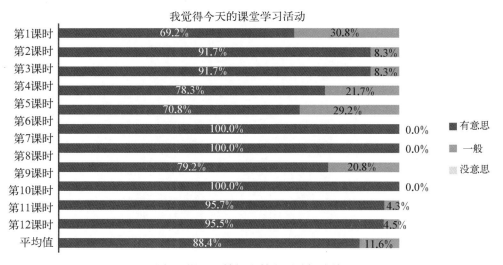

图5 课后反馈问卷教学活动趣味性

（2）参与度与积极性

课后反馈问卷结果显示（图6），大多数学生（均值59.7%）认为自己的课堂参与度一般，但根据课堂观察与教师反馈来看，学生的课堂参与度相较日常英语课堂而言高出不少。学生在访谈中也表示，本课程相较于传统的英语课堂，具有高自主性、高互动性，给学生提供了更多自主思考以及锻炼口语表达的机会：

"（比起传统的英语课堂）互动更多一点，然后启发学生思考，然后去联想，实际运用的这种联想，实际场景的这种想象更多一点。"（一对一访谈，学生2）

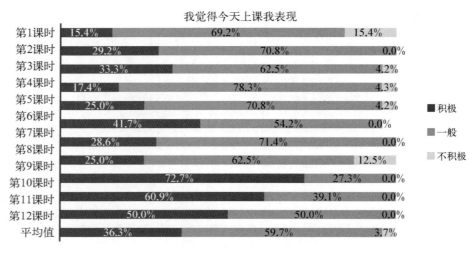

图6　课后反馈问卷课堂积极性

同时，在反思日志中，很多学生都表示了对角色扮演这一教学活动形式的喜爱，这也在课后问卷中得到了印证，几次采用角色扮演活动的课堂，学生自评积极性都比较高（见图6，第6、9、11、12课时）。据学生反馈，平时其他课都没有这样的机会，因此，角色扮演对他们而言是比较新颖有趣的形式，他们大都有参与的意愿和兴趣。正如期末的评价问卷结果显示的那样（见下页图7），相较自学和教师讲解，学生最喜欢的学习方式是师生互动，并以学生输出观点为主。而课后反馈问卷也表明（见下页图8），让学生收获最大的部分也是生生互动，其次则是以角色扮演为主的课堂活动和教师的知识讲解，由此看来，学生有较高的自我表达和互动需求。但对学生而言，积极性自评的判断标准是课堂发言的频率，由于课堂时间有限，并不是每位同学都有发言的机会，因此大多数学生会自评为"一般"。不过，学生在访谈中表示，在本课程中他们的积极性比日常英语课高很多，虽然有时由于羞怯等原因并未在形式上表现出较高的显性参与度，但大脑一直在高速运转，不停地在思考，这其实也是一种隐性的积极性的体现：

"这个肯定是要比我们一般（的英语课）都要积极非常多，因为我们英语课平常可能围绕课本的话就讲知识点，大部分老师在讲，有时候会让你自己组织一下语言，概括一段内容，或者表达两句，但是，对于真正的自己运用自己的一些语言功底，或者英语的一些词汇量，去自己组织语言的机会并不是很多。"（一对一访谈，学生1）

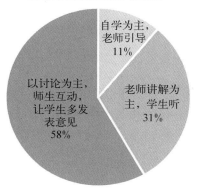

图7　期末课程评价问卷教学形式喜爱度　　图8　课后反馈问卷收获最大的教学方式

3.1.2　教师评价

（1）课程意义

根据授课教师的反馈，研究团队设计的这门课程做到了语言和文化的融合，通过体验式的活动教学，为学生提供了感受文化异同、实践交际能力的机会：

"我觉得这门课第一肯定是从宏观的角度去理解（文化），无论是亲身感受也好，还是设计各种活动也好，还是辩论也好，都是通过这些活动形式，让学生自己去体验这种文化的差异和文化的相同之处，对文化本身的特点、含义的一个初步认识。另外，整个过程当中，学生是在交流的。他们在交际，他们通过辩论或者是游戏的形式，或者是小组的角色扮演的形式也是在交际的，所以它也锻炼交际能力。这样的一种课程应该是融合了文化和交际两种特点。"

事实上，教师相当认可语言与文化的学习应该是密切相关、互相促进的：

"如果你单独只学习语言的话，你可能能够从字面上去理解一些东西，但是你没有办法真正理解对方的 deeper meaning。很多时候我们在跟别人交际的时候，包括你在读别人写的文章的时候，如果你只是学习语言知识的话，你最多只能知道字面上是什么意思，那这个字面的意思未必是他真正想要表达的意思。而且在日常的生活，如果你真的是在交际当中的话，其实更多的是要去了解他深层的意思是什么。那还是要学习这门语言背后的文化的，才能更好地去掌握语言知识，第一是更好地掌握，第二是更好地去理解，然后也能更好地去运用。"

但可惜的是，当前英语课堂中，文化还处于一种相对缺位的状态，并不是"每堂课的一个侧重点"，因此，教师认为这门课对此做了很好的补充：

"传统的英语课堂虽然也会具体地去细分，比如说听说课或者是阅读课，也大多是立足语言知识的学习，在文本的语境下去学习相应的或相关的比较重点的语言知识。某一些问题它会包含这些文化知识在里面，但是它可能只是一带而过的，不是说像这样的一种独立的课堂，让学生自己去感受，去得出其实在交际当中是要注意很多东西的。"

而针对高中生而言，教师认为跨文化交际课程的学习和跨文化能力的培养能帮助他们为将来可能选择的国际化深造做好准备，同时也能更好地应对"全球化的影响"，在掌握国际通用语和跨文化交际通则的同时发展一种"客观看待世界的能力和探索的能力"。

除此之外，教师还特别指出，中国文化的融入也是这门课的突出意义之一，学生在理解、反思自身文化的基础上，接受不同文化的视角，能帮助他们更好地用自信、包容的态度去面对文化差异、开展跨文化交际：

"我觉得这个课堂一个很重要的点，就是以前的英语课堂，只讲英语的东西，其实不太利于他去了解自己国家的文化，那么他对自己的文化了解不多，他对自身的理解就不多，那么这种时候其实文化自信就很难长成，在交际当中，他也很难有这样的一种自信。所以其实刚开始还是应该先侧重于了解自身和自我文化、中国文化。"

(2) 课程收益

课程收益主要体现在学生能力培养和教师专业发展两个方面。

对于学生能力培养而言，教师认为，该课程与传统英语课堂最大的区别在于其超越了传统的知识本位的教学，而更注重技能的锻炼和知识的应用：

"传统的课堂还是基于基础知识的一种学习，并不是在于（应用）。我觉得这门课堂的设置，是应用的更多，它其实侧重于所有知识的一种运用，而不是单纯的还在以学习基础的英语知识为目的。"

除此之外，教师认为语言和文化相融合的课程有利于打开学生的视野：

"你学了这门语言，那么你才有这样的一种契机，去了解另外一种文化，然后你会发现人的一种渺小，或者是你会开阔你的一种眼界，你本来就觉得，苹果只有一种红色，但是你读了别的文章之后，你通过另外一门语言去了解了别的国家以后，你发现原来苹果是有很多种，或者你发现原来苹果的这种红色也并不只是在中国，在别的国家它也是红色。"

视野的拓展甚至能影响学生人生观、价值观和世界观的塑造，因此，教师认为这门课程在情感态度维度也能对学生产生很大的触动，能帮助学生超越表层的文化差异，去认识到更多深层的文化共性，从而对不同文化做到理解、包容、尊重和欣赏：

"这个课对相关的人生观、价值观、世界观的塑造是有的。最直白的就是世界观了。你了解这种跨文化差异，你学习了之后你就发现在这个世界上，比如说同样对待某一件事情，不同的人有不同的观点，那你从世界观的角度出发，你就会发现事情的本质是相同的，但是它会有很多的表现形式，比如说友好，我们有一个课里面就是 friendliness 在很多的文化当中其实都是很重要的一个交际的最基础的原则，但是它的表现形式是不同的。那么还是你通过这样的一种潜移默化的，虽然是比较具体的某一种跨文化交际的形式，或者是某一种跨文化交际知识的学习，其实你内在就已经自然而然地产生了这样的一种印象：原来世界上很多东西是共通的，但是也会有差异，而且你是要通过这些差异，你要敢于去通过表层的东西去探索深层的东西。"

与此同时，在文化异同的探索中，学生也对自身的文化认同产生了更多的认识，并且有助于文化自信的培养，对此她特别提及了关于英语口音和身份认同的那堂课：

"其实我这么多课程当中，最喜欢的应该就是讲口音的那堂课。Chinese accent。我感觉这个课学完了以后，大家对英语学习会有更客观的认识，其实这种客观的认识，就鉴于他对中国文化的一种自信。无论是过去还是现在，（中国学生）英语学习最大的困难之处就是 spoken English，那为什么不去说？你就是不敢讲，因为你不够自信，那你不够自信的原因其实是你对于它的认知，你就认为只要是讲英语，就应该要讲到什么程度才是好的，那其实是认知上的一种错误、一种极端。那你学了这个跨文化交际，它告诉你原来在整个的英语学习当中，你只是去学习这门语言，你语言的本质是交际。你生活在一个这样的世界当中，它有不同的文化，那你的目的是去跟不同文化的人交际，而并不是关注于我的这个外在的形式是什么样子，我的口语要说得有多圆润或者怎么样，你通过一些课程的亲身体验，或者是再给他举出一些事实，通过跨文化交际的课堂当中某一个知识去引导他，告诉他这个背后是为什么越来越多的人可以用中国的方式来讲英语。那么他看了这些东西之后，他自然而然地也会有一种认同，所以你中国人可能讲这样的一种特殊的口音，也没有什么了不起的，我觉得他对中国的这种文化自信是有好处的，会认可。"

而对教师自身来说，课程也产生了教师专业发展方面的收益。授课教师指出，自己在课程中也在发展自己的三观：

"我整个感觉就是我自己上下来之后对我自己的这个改变，我自己的三观其实也在得到一种完善。因为以前的可能我大致知道有一些东西，但是不够，也比较片面。"

与此同时她也对学生有了新的认识，感受到了"时代对这一代学生潜移默化的影响"。因此，教授该课程的过程也是教师学习的过程，比如：

"（口音）那堂课真的上得很好，因为真的其实我以前也没有这么想过。我感觉对我来说也是一个全新的学习的过程，我以前真没有想过这个问题，我就觉得你要讲英语，你也要尽量讲得跟人家差不多。后来我上这个课之后我就知道，你只要别人能听得懂你在说什么，其实你就是成功，你为什么就非要说到那个程度，说到那种口音，没有必要。"

可以说，在教学过程中，教师自身的教学观念也在逐渐改变，尤其是对英语教学目标也产生了新的理解：

"英语只是一种交际的形式，其实应该侧重交际的这种任务的达成，而不在于交际的形式，形式固然重要，但它不是最重要的。然后第二个就是，这个课堂我感觉是能更好地理解自己、悦纳自我、认识自我。"

3.2 跨文化能力提升效果

3.2.1 跨文化能力测试结果

为对学生跨文化能力提升效果进行检验，在学期初和学期末我们各开展了一次跨文化能力测试，采用张红玲、姚春雨（2020）、罗梦超（2020）的跨文化能力量表，该量表经实证研究检验，具有较高信度，对中国中小学生具有适切性。量表形式为李克特6级量表，选项1-6代表由弱至强的跨文化能力。量表内容由44个项目构成，包含认知理解（1-11项）、情感态度（12-24项）、行为技能（25-35项）和文化意识（36-44项）四个层面。

本教学实验的24名学生全部参加了前测和后测，24份答卷均为有效数据，其中，个别缺失值用平均值填补。数据分析使用统计软件SPSS 23.0，得出前测与后测的 Cronbach's alpha 系数分别为0.939和0.904，量表信度较高。如表5数据结果所示，前测和后测的配对样本 t 检验结果显示学生的跨文化能力整体有显著提高（$t=-3.443$，$p < 0.01$）。在4个维度中，认知理解（$t=-4.976$，$p < 0.01$）和文化意识（$t=-3.235$，$p < 0.01$）维度有显著提高。由于课程仅持续了一学期，而跨文化能力提升是一个终身的过程，并非学习了一门课程就有奇效（Deardorff，2009），且跨文化能力的培养涉及多个维度，并非仅仅通过一门课程便可以取得全方位的、显著的提升作用，因此，情感态度和行为技能的提升并未达到显著性，不过，从均值变化上来看，这两个维度依旧有所提升。

表5　跨文化能力前后测配对样本t检验结果

跨文化能力（$N= 24$）	前　　测		后　　测		均值差	t	显著性（双尾）
	均值	标准差	均值	标准差			
认知理解	4.340 8	.67 368	4.882 6	.411 37	−0.541 8	−4.976	.000**
情感态度	5.056 7	.64 580	5.163 0	.54 182	−0.106 3	−1.047	.306
行为技能	4.652 5	.66 034	4.905 3	.56 390	−0.252 8	−1.902	.070
文化意识	4.933 0	.437 32	5.254 6	.508 10	−0.321 6	−3.235	.004**
总　　体	4.745 7	.52 432	5.051 4	.43 200	−0.305 7	−3.443	.002**

（*$p < 0.05$，**$p < 0.01$）

3.2.2　质性评价结果

跨文化能力的测评并不适宜仅靠量化测试，还需要多种质性评价手段，如访谈、观察、案例研究等等（Deardorff，2006），因此，我们还采用反思日志和访谈的方式对学生的跨文化能力展开了测评。以《参考框架》的3个维度为分析框架，我们对以上数据进行了自上而下的主题分析，挖掘学生在3个维度上的能力提升。

（1）增强认知理解

首先，在认知理解维度，学生们明显感受到本课程对于拓展其外国文化知识的作用，如：

"我也了解到，全球其他国家，他们在对于某一个特定的文化上有哪些行为是可以被允许的，还有哪些是被视为不礼貌的。"（焦点团体，学生2）

通过本课程，学生们也获得了中国文化相关的知识，主要有直接和间接两种形式。首先，课程内容中包含了一定的外国文化与中国文化互鉴的成分，学生们可以直接获取相应的中国文化知识。同时，通过分析学生们的反馈可发现，学生们具有相当的反思意识，在接触到某外国文化知识之后，他们可以反观自身，从而刷新或者加深与之相对应的中国文化知识：

"可能大家会默认我们已经了解了很多中国文化，但是其实对于一些中国文化，我们了解并不是很深，然后就是有这样一种机会，让我们从不同的角度，或者是从西方的角度也了解一下我们的中国文化，其实是一个很好的选择。"（焦点团体，学生4）

在普遍文化知识方面，多位同学表示通过学习"文化是什么"这一主题，尤其是通过几个形象生动的比喻加深了对文化内涵的理解。文化冰山和洋葱理论让他们了解了文化的复杂性和多层性；眼镜这一比喻让他们明白了看问题有不同视角，鱼与水的比喻令他们认识到文化之于人就如同水之于鱼的重要性。如：

"The topic lets me consider culture as an iceberg. We can only see something visual but there are many things which are under the water."［文化像冰山，我们只关注到可见的部分，但还有很多内容在水面之下。］（期中反思，学生6）

"All of us wear some pairs of glasses. They are different which means different opinions and standings. We can't judge a person just from our standing."［所有的人都戴着各式眼镜，它们代表着不同的看法和观点，我们不能仅从自己的角度去评判他人。］（期中反思，学生8）

"Culture is just like a water and everyone is the fish in the water. We can't live without water."［文化就如同水，每个人都是水中之鱼，没了水，我们将无法生存。］（期中反思，学生24）

"Now I know that culture does not just mean country but contain many different aspects like food, language, clothes, buildings, arts and so on."［我现

在明白不能将文化与国家等同，文化还涉及饮食、语言、服饰、建筑、艺术等多个要素。］（期末反思，学生3）

（2）培养情感态度

虽然在量化测试中，情感态度维度提升不显著，但在反思中学生时常提及在选修本课之前以及之后思想和态度上的转变，反映出本课程在培养积极情感态度方面的重要作用。在文化意识方面，学生们逐渐发展出对异文化尊重、理解、包容的态度和悬置判断的意识，走出了民族中心主义的窠臼：

"I learned to respect other cultures and we should attempt those cultures by making more conversations with foreigners."［我学会尊重其他文化，我们应该通过多跟外国人交流的方式来体验其他的文化］（期末反思，学生6）

"Now I think accents are not so bad and they are interesting because you cannot just judge a person's motherland by their accent, accents are different because we are different."［现在我觉得口音倒也没有那么让人讨厌，不同的口音其实也很有趣，因为单凭口音无法判断出一个人来自哪个国家。我们各有不同，口音类型多样］（期末反思，学生9）

"这个课让我对文化这个东西，其实转变也是非常大的。我一开始就一直觉得外国人的文化，好像没有中国人的文化这么的博大精深，或者说有一点奇怪，外国人就像疫情的时候，他们一直在要自由，不听政府的呼号，不戴口罩什么的，然后其实想想，每一种文化嘛，他们都有自己的一种内涵，都是有自己的一种认定的，不同文化的人，也没有什么特别大的资格去评论别的文化，因为别的文化，他们都有自己的一种想法，所以也要学着从别的文化去看待他国的文化，我觉得这个课对我来说意义蛮大的，就是让我对文化的这个观念转变了很大。"（一对一访谈，学生2）

除了教学内容，互动性极强的课堂活动也为学生创造了观点碰撞的机会。在开放包容的课堂氛围下，学生在彼此交流讨论的过程中发现，即使同为中国人、高中生，每个人对同样的问题仍会有各自不同的看法和认识，即使是对于中国文化的认识和理解也存在差异。在这样的观点碰撞中，他们不仅了解到了内文化的多样性，也学会了尊重不同的观点：

"I realized that people in our culture are also different and individual because we have different genders, we are taught in different ways and we have various backgrounds. That is the most interesting part when getting along with new people and communicate with them, and I really appreciate learning that in this class."［在课程的学习中我意识到我们（同一）文化当中的人也是有差异和不同个性的，因为我们性别不同，受教育的方式不同，成长的背景也不尽相同，而这也是结识新朋友和他们进行交流最有趣的地方。我非常喜欢课堂中这样的学习体验。］（期中反思，学生2）

"I have learnt these thanks to the conflict among classmates' different thoughts."［同学们的不同观点发生的碰撞令我收获颇丰。］（期中反思，学生13）

"We often have different opinions during discussions, but all of us respect everyone's words."［讨论的时候我们往往有不同的观点，但是大家都会彼此尊重。］（期中反思，学生15）

在尊重差异的同时，学生也在教学主题触及身份认同、中国文化等内容时，增强了自己的国家认同和文化自信：

"The traditions of different cultures are extremely different. What we should do is to respect their culture and be proud of our culture."［不同文化所遵循的传统差异甚大，对待其他的我们应该采取尊重的态度；对于我们的文化，我们则是要树立自信］（期末反思，学生21）

"I realized that accent is also a symbol of my country, so I am proud of it now."［我意识到，口音也反映了我的国家身份，因此我非常自豪自己的口音］（期末反思，学生1）

此外，学生也通过该课程培养了全球视野，能对全球性问题进行深入反思，比如有的学生能就性别议题从历史演变、时代发展的纵向视角比较女性的家庭、社会角色变化，悲悯于过去女性受制于男尊女卑的社会地位，珍惜今天以自己为代表的青年女性有接受教育及追逐梦想的权利和自由，同时感叹今日女性所承担的多元社会角色：

"In the past, girls should be at home without being educated and always obey men's orders. But now, as the owner of 21st century, I feel great thankful that I am being well educated and have the right to win my own future."［过去，女孩子只能待在家中没有接受教育的权利，并且听从于男人的命令。而今天，作为21世纪的主人，我可以接受良好的教育并且有决定自己未来的权利，对此倍感感激。］（期中反思，学生22）

（3）发展行为技能

同样地，虽然学生在行为技能维度的提升在跨文化能力测试中并未达到显著性，但在学生的反思日志和访谈中都可发现其跨文化行为技能的发展。如不少学生指出，学会转换视角理解其他文化是本课程的重要收获之一：

"Role play two scenes gave me a chance to act and think like a boy."［两个场景的角色扮演活动让我有机会像男孩那样去行为和思考。］（期中反思，学生1）

"Among the 6 topics, I was impressed by the topics 'what do you know about culture' and 'who am I'. I used to view other cultures as a Chinese, but after lessons, I suddenly realized that we should put ourselves into those roles, not in a third-person. That makes us to know cultures more deeply, and completely realized myself again! "［在6个话题中我印象最深刻的是话题1（你了解文化吗？）和话题5（我是谁？）。我过去都是从中国人的角度看待其他文化，但是经过课程学习我突然意识到我们应当站在对方的角度认识和思考问题。这样让我更加深入地了解文化，同时也更好地认识自己。］（期中反思，学生10）

具体而言，学生能够体认文化异同，并尝试换位思考，从对方的文化背景理解其行为，比如有学生对"礼貌"的意义进行了跨文化的解读：

"Now I think that is normal and it does not mean they are impolite because different countries have different cultures. So their behavior may be normal in their cultures but impolite in our culture."［现在我觉得哪些行为很正常，并不是无礼的表现，因为国家不同，文化不同。他们的行为在自己的文化中合乎规范，但在我们的文化中却是无礼的。］（期末反思，学生2）

又如学生通过反思新冠疫情下中西方民众的不同表现，用自己的语言阐释了集体主义和个体主义文化价值观对人的影响：

"有可能像我们中国人一直遵循的就是守规矩，但是他们可能从小就没有什么规矩的束缚，他们就觉得，这个规矩定了，我做和不做都是没有关系的。"（焦点团体，学生5）

再比如，性别刻板印象的主题引发了学生极大的共鸣，在深入探讨这一话题后，学生能通过自身经历反观社会文化现象，通过描述自己的家庭背景、成长环境，深入地反思，形成自己的理解：

"I was born in a family that everyone in it seemed to mention gender. So as a girl, I was always reminded that 'what should I do' and 'what shouldn't I do'. I think gender should only be a sign of toilets and bathrooms, it shouldn't be limitation to our soul."［在我的家庭中人人都会提到性别角色，作为一个女孩我经常被提醒'应该做什么''不应该做什么'，我认为性别仅仅是用于区分洗手间的符号，而不应该成为心灵的桎梏。］（期中反思，学生16）

此外，高互动性的课堂活动为学生提供了跨文化对话的契机。由于该课程是一门选修课，参与者来自不同的班级，很多同学彼此并不熟悉，该课堂恰好创造了一个适宜的陌生环境，这也是跨文化交流情境中非常重要的环境要素。而学生在这种互动中正好锻炼了跨文化对话的能力，他们在此"结识新朋友(get along with new people and communicate with them.)"（期中反思，学生2），"跳出自己的舒适圈与人交往(jump out of my comfort zone to socialize)"（期中反思，学生7），同时，在课程中学生也意识到自己作为一个中国人有必要讲述中国故事：

"我觉得（这门课）帮助我们对自己国家的文化更加熟悉，同时，学习运用英语去将自己的文化介绍给外国人。然后就是一个文化之间的互相了解，如何去更好地表达和沟通。"（一对一访谈，学生1）

除了课堂内的学习，学生们也能在所学知识的基础上进一步延伸，自主进行跨文化探索，思考利于开展跨文化交际的一般性原则，表现出较强的探索精神。如，有学生认为，语言的熟练度并不能必然带来成功的跨文化交际体验：

"Only knowing about English cannot help you travel around the world without difficulty. We must learn more about the culture to communicate with different foreigners."［只是掌握英语这门语言不能让你畅游全世界。我们必须要了解更多文化有关的知识，以便与其他的外国人交流。］（期末反思，学生4）

也有同学对跨文化交际中互动双方的情绪体验产生了思考：

"I knew that I should treat others in the right way in order to make the communication comfortable."［我了解到应该采取合宜的方式对待他人，这样我们才能愉快地沟通。］（期末反思，学生21）

"I knew everyone have different communication style and when we talk to others, we should care more about their feelings."［每个人的交际风格都不一样，跟别人交流的时候，我们应该多关注他们的感受。］（期末反思，学生22）

3.3 英语语言能力提高效果

根据课后反馈问卷结果（见图9），学生认为自己英语学习方面从本课程中收获最显著的是听（68.6%）、说（56.2%）能力的锻炼，其次是词汇和表达的学习（49.9%），同时，在心理层面，学生也在一定程度上收获了自信心（38.9%）。最出乎意料的是，虽然在课程设计中并未显性地涉及英语语法知识，但仍有学生反馈自己在课程学习过程中巩固了语法知识（23.6%），可见，在英语使用的过程中必然会涉及语法知识的提取、应用，因而也会隐性地助益于语法的学习。

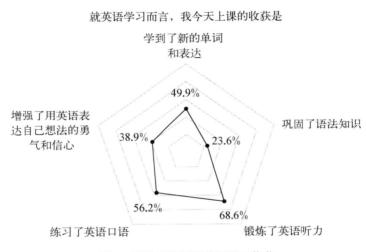

图9　课后反馈问卷英语学习收获

以上结果也在学生反思日志中得到印证。多位同学提到课程学习扩大了其英语词汇量，如：

"I've learnt many new words to describe different personalities, such as 'vulnerable''masculinity''unfeminine' and so on."［我学到了许多描述不同性格特征的新词汇，比如"脆弱的""男子气概""非女性"等。］（期中反思，学生9）

"在学习过程中会有很多专业（术语），专有名词，那当然在学习过程中也可以了解到，对自己的词汇量也是一个挺大的拓展。"（焦点团体，学生4）

而绝大多数同学反映，由于教师的鼓励和多种课堂活动的驱动，他们在课程中锻炼了英语口语和听力理解，提升了语言运用和思维表达的能力，自信心也得到相应的提升，比如：

"In Activity G (role play two scenes), I practiced my oral English as well as strengthened my self-confidence in speaking English." [两个场景中的角色扮演活动锻炼了我的英语口语，并且提升了自信心。]（期中反思，学生15）

"平时英语课没有机会说，老师问问题也都是语法之类的，没有机会表达自己的想法，这个课能有机会在锻炼口语的同时表达想法、交流观点，真正地把自己的英语功底运用起来。"（一对一访谈，学生1）

"更加自由了，像我们平时英语课就没有什么说话的机会。基本上是老师讲，然后我们听，要不就是回答一些语法上的问题，就很少有这些关于口语上面的事情。"（焦点团体，学生5）

"我觉得它相较于平时这种英语课程来说，相对来说更加自由一点，因为，在这门课当中，我们被抽起来回答问题，我们表达的是自己的想法或者意见之类的，但是在传统，平常我们上的英语课里面，可能抽起来回答问题，但是大部分也就是所说的语法或者题目。"（焦点团体，学生1）

特别是从羞于表达到自信大方地表述自我，这种对外语学习情感态度的变化比某一知识和技能的获得更有意义，如：

"I admit that I am a shy girl who is afraid of expressing myself to others. From this class, the most important thing I have learned is that I am more confident and willing to express myself." [我承认我是一个羞于表达自己的女孩，在这个课堂里最重要的收获就是让我更自信，更愿意表达自己。]（期中反思，学生21）

总体来说，虽然该课程以文化和跨文化交际为显性内容，但根据学生反馈（见图10），课程在提升学生外语学习兴趣上也同样效果显著，且学生对外语学习的意义也有了更深入的认识。

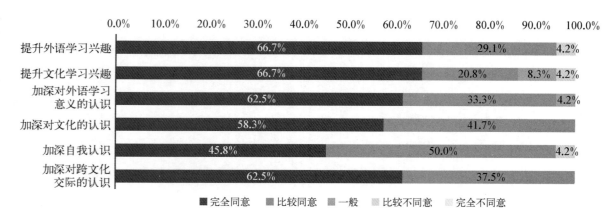

图10　期末课程评价问卷课程作用评价

4. 讨论与结语

根据教学实验的结果分析，可以认为研究团队针对高中生设计的跨文化交际课程效果良好，初步验证了《参考框架》对高中学段的有效性和适切性。但是，根据师生反馈，课程仍有改进的空间，且《参考框架》也可进一步修改完善。

4.1　课程改进建议

根据反馈意见，课程可在以下三方面进行完善和改进。

首先是对教学内容的难易度的调整。虽然整体而言，课程难易度对大部分学生比较合适（见图11），但仍有学生表示，课程中有不少跨文化交际学科的术语、概念，这些英语词汇对他们来说较难识记、理解，教师可适当增加解释，甚至辅以中文。且由于教材缺失，不利于学生复习巩固相关知识。因此，未来课程将提供关键概念清单、词汇术语表等学习资料，以供学生课前课后自主学习或复习之用。

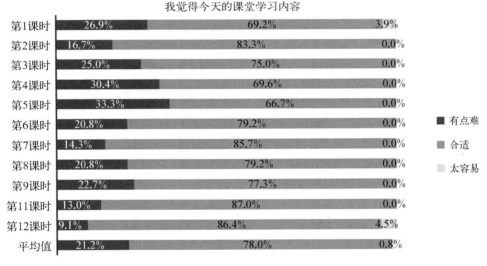

图11　课后反馈问卷难易度评价

其次是教学的实施安排。由于课程重点采用体验式、互动式的教学活动，为保证学生参与质量，需要留有足够的互动时长，因此，在教学设计时应充分考虑课堂容量问题，活动重质不重量，不宜在一节课中设置过多活动。而教师讲解的环节则需控制时长、穿插适宜、重点突出，尤其是教师提问的设计需要充分考虑合理性、诱发性和互动性，如何避免全班讨论变为一对一问答，这是未来课程设计中需要解决的问题。

最后是教学内容选取，以及深度广度的考量。由于课程仅开设一学期，共12课时，故教学内容偏重普遍文化知识的教学，对具体文化的介绍不够深入，使得学生感到意犹未尽。在之后的课程设计中，需要兼顾量和质的平衡，或者是从学生的需求出发，例如征求学生意见再确定纳入授课内容的国家以及文化，且由于本次为第一轮授课，课程设计者难以全面地将教学框架内容的要素纳入课程中，对《参考框架》中的部分要素如全球视野涉及较少，若课程可在第二学期继续开设，基于第一轮教学的反馈的基础上对课程内容进行调整，相信将在内容上覆盖得更为全面。

4.2　教学参考框架修改建议

根据教学实验的反馈来看，《参考框架》的三大维度九大要素基本符合高中生的身心发展特点和认知水平，但在具体表述上可做微调。如"外国文化知识"中，"基本了解世界各国历史地理、社会文化、政治经济、文学艺术等国情知识"一条要求过高，可限定范围如"教材及阅读中涉及的"，这样可使作为选修课的本课程与英语必修课或所在学段的各学科学习内容进行良好的衔接。"全球视野"中，"了解世界各国面临的全球性问题"一条同样要求过高、范围太广，可稍作限定，比如对自己生活影响较大的全球性议题，全球变暖、全球化等。同时，课程设计者和授课教师认为，尽管《参考框架》提出了要将"全球视野"能力培养作为教学目标的一部分，但是并没有提出直接可用的教学方法或者是建设性的指导意见以将"全球视野"这一能力要素更好地融入课程内容。因此，建议《参考框架》研制者除了在目标制定方面提供建议，也应该考虑《参考框架》在教学过程中的实用性，从教学设计的视角给予教师更多具有实操意义的具体指导。

综上，通过一学期的教学实验，第3版《参考框架》的适切性和有效性得到了初步验证，但局限于样本数量和范围，实验结果的推广性和代表性还需扩大课程使用范围进一步加以验证。此外，由于课程设计者本身深度参与了《参考框架》的研制，在保证跨文化教学理念落实的同时难免带有一定的主观性，未来《参考框架》的推广与应用还需要大范围的教师培训作为支撑。

（四）大学跨文化能力教学实验报告

1. 引言

《大学英语教学指南》中提出"大学英语的教学目标是培养学生英语综合应用能力，增强跨文化交际意识和交际能力"。《中国外语教育跨文化能力教学参考框架》（以下简称《参考框架》）细化了大学阶段的外语学习者在认知理解、情感态度、行为技能3个维度的具体能力发展目标。在明确的教学目标指导下，我们对有效的跨文化外语课堂教学模式进行了研究，并结合大学英语课程现状和国内外相关外语教学及跨文化培训研究成果，进行了跨文化外语课堂设计。遵循以文化内容为基础，文化主题为主线，语言内容为暗线的跨文化外语教学特点（张红玲，2007），我们从现有大学外语教材中提取了一系列重要的跨文化主题，并针对性地设计了相应的跨文化探索活动。在此基础上，我们分别在大学基础英语课程及研究生公共英语课堂中开展了一学期的教学实验。通过这一系列的教学实验，我们也对第3版《参考框架》做了验证反馈，提出了修订建议。

大学基础英语课程每周4个课时，我们根据课程所使用的《新世纪高等院校英语专业综合教程3》（以下简称《综合教程3》）中每个单元的主题，引入了跨文化探索活动，在训练学生语言技能的基础上结合文化教学，培养学生的跨文化交际能力。具体而言，包括每个单元的文化话题引入、课文相关词汇表达和话题延伸讨论以及跨文化探索活动。

表1　大学基础英语课教学主题、活动与重点

综合教程3	跨文化主题	跨文化探索活动	教 学 重 点
Unit 1 Fresh Start	大学校园文化	Starting a new journey	对比中外校园文化生活，探讨和理解差异背后的文化原因 引入核心概念：社会文化规范、价值观
Unit 2 The Company Man	不同文化中的工作价值观	Managing time	探讨西方文化中的工作价值观，理解文化差异。 引入核心概念：时间观
Unit 4 The Transaction	人性及身份认同	Parable of Rosemary	探讨和理解不同立场，不同身份的人在价值观念上的差别。 引入核心概念：价值观多样性、个人身份和群体身份

表1-1

综合教程3	跨文化主题	跨文化探索活动	教　学　重　点
Unit 7 The Chaser	中西爱情观念	Intercultural romantic relationship	探讨跨国恋中可能存在的文化障碍，反思人际交往过程中的重要文化价值观。 引入核心概念：跨文化人际关系
Unit 10 Homeless	中国人的家庭观念	The arrival of the in-law	探讨跨文化语境下夫妻、婆媳等家庭关系中的常见矛盾，用跨文化的批判思维分析，提出沟通和解决的方法。 引入核心概念：跨文化冲突管理
Unit 11 Knowledge and Wisdom	教育的意义	Reflecting on education	反思教育的价值，客观分析中西方教育模式的优势和短板。 引入核心概念：中国文化认同
Unit 12 Chinese Food	饮食文化价值观	Interpreting Chinese culture	探讨餐桌礼仪和禁忌，了解反思中美饮食差异背后的历史及文化原因。 引入核心概念：中国文化认同

表 1-2

研究生公共英语课每周2个课时，我们使用了《大学跨文化英语综合教程2》作为教材，选取了其中4个单元进行了教学实验，对教材每单元跨文化探索活动进行深度开发，形成了每个单元3个学习环节：阅读理解、跨文化探索、跨文化案例分析。

表2　研究生公共英语课教学内容、主题与活动

大学跨文化英语综合教程2	课文阅读	跨文化主题	跨文化探索活动	案　例　分　析
Unit 1 Living Interculturally	Kira-Kira	跨文化语境下的价值观及身份认同	Third-culture child	通过马里兰大学中国毕业生演讲案例分析中国文化身份认同问题，探讨讲述中国故事，增进国际理解的必要性和可行途径。
Unit 3 Visualizing Culture	The Book of Faces	不同文化中的非语言交际	你画我猜；Emoji & meme	Gestures in different cultures 通过广告案例分析手势语文化差异。
Unit 4 Managing Time	Before I Begin	文化价值观的多样性	Parable of Rosemary	Different time orientations 通过跨文化关键事件理解不同文化模式下的时间观念。
Unit 7 Preserving Traditions	Po-Po in Chinatown	中国文化的国际理解与传播	Stereotype and ethnocentrism	Are our kids tough enough? ; Intercultural marriage 通过两个社会实验纪录片案例，分析国际传播和交流中可能出现的对中国的偏见、误解和质疑，探讨传播中国声音，增加国际理解的有效途径。

2. 教学实验的设计与实施

2.1 实验目的

研究者基于第3版《参考框架》在大学外语课堂中设计了不同跨文化主题及相应的文化教学活动，旨在探索有效的跨文化外语教学模式，并对第3版《参考框架》做验证反馈，检验其适切性，对其提出修订建议。

表 3 教学话题与《参考框架》的对应关系

教学参考框架 / 教学话题	认知理解			情感态度			行为技能		
	外国文化知识	中国文化知识	普遍文化知识	文化意识	国家认同	全球视野	跨文化体认	跨文化对话	跨文化探索
大学校园文化	√	√	√	√	√	√	√	√	√
不同文化中的工作价值观	√	√	√	√	√	√	√	√	√
人性及身份认同			√	√			√	√	√
中西方爱情观	√	√	√		√		√	√	√
中国人的家庭观念			√	√			√	√	√
教育的意义	√	√	√	√			√	√	√
饮食文化价值观	√	√	√	√			√	√	√
跨文化语境下的价值观及身份认同	√	√	√	√			√	√	√
不同文化中的非语言交际	√	√	√				√	√	√
文化价值观的多样性	√	√	√	√			√	√	√
中国文化的国际理解与传播	√	√	√	√	√	√	√	√	√

2.2 实验对象

上海某高校大学2020级本科生23名学生，2021级研究生8名，均为非英语专业学生，其中本科生班为大二基础英语课程，研究生班进行的是研究生公共英语课程。

2.3 实验数据收集与分析

本次教学实验从 2021 年 9 月到 2022 年 1 月，历时一个学期。具体做法如下：

（1）根据课程需求制定和完善教学大纲，对教师进行教学方法培训，确保教师理解跨文化外语教学的内涵，熟悉《参考框架》，明确教学活动的目标和方法。研究者在初步设计好课程内容与教学活动后，与参与教学实验的 2 名教师分别进行了讨论。两名执教者均有一定的跨文化教学和研究背景，参与完善了教学大纲和设计课堂活动设计。在一对一培训后，能够理解并熟练运用以活动为中心的语言-内容融合教学法，能够利用教材及补充材料开展体验式和反思式文化学习活动，除了英语语言学习外，有意识地培养学生对文化学习的兴趣和研究能力、在跨文化情境下的多元视角和创新能力。教学活动类型包括但不限于头脑风暴（brainstorming）、文化比较（culture comparison）、小组讨论（group discussion）、辩论（debate）、角色扮演（role play）、案例分析（case study）、模拟游戏（simulation game）、微型讲座（mini-lecture）、自我评估（self-assessment）等活动，研究者在教师教学实施前也会与其就每个活动包含的若干步骤及目标进行再次确认。

（2）在教学实施过程中，研究者对教学效果进行了问卷调查。首先在学期初向所有学生发放了跨文化能力自测问卷，问卷使用的量表改编自 Huang（2021）在中国台湾跨文化外语课堂教学研究中使用的跨文化能力自测量表，该表经过了中国文化语境下的实证研究检验，具有较高的信效度，对于本研究的对象具有适切性。量表中包括认知、技能、态度 3 个维度的 26 个跨文化能力测量题项，其中认知维度 9 项，技能维度 10 项，态度维度 7 项。在学期结束时再次发放了同样的问卷，进行跨文化能力后测。本科班 23 名学生共回收前后测 40 份有效问卷。研究生班 8 名学生全部参加了前测和后测，所有问卷均为有效问卷。除了前后测外，研究者在学期中和学期末进行了 3 次问卷调查，期中两次问卷主要调查学生对课程活动的评价、收获和反思，了解他们的学习情况，期末问卷主要调查学生对于整个课程的满意度以及相关建议。

（3）对教学实施的过程进行全程跟踪。研究者在课堂上进行课堂观察，通过文字、录像、拍照等方式记录教师在每个教学活动过程中的实施情况以及学生的反应，收集课堂活动相关的材料，并在每节课后与授课教师进行一对一访谈，总结教学经验和收获，反思教学过程中可以进一步完善的地方。研究者本人也会每两周就教学实施情况和教学效果写一份反思报告，对接下来的教学活动细节进行针对性的修改调整建议。为了更深入了解学生的外语学习效果和跨文化能力提升程度，课程作业中设计了一项学生反思日志，让学生用英语就其参与的跨文化探索活动进行反思，并撰写日志报告，研究者共收集了本科生反思日志69份，研究生反思日志32份。研究者还在本科生班和研究生班各组织了1次焦点访谈，分别与4名本科生和4名研究生就课程目标和理念、教学内容和活动、学习收获和自我能力发展情况进行了讨论，从学生的多元视角评价教学效果，调查课程满意度。

表4对本次教学实验的具体数据收集情况进行了梳理概括。

表 4　数据收集与处理概况

收集方法	工具/形式	收集时间	数　　量	目　　　的	处理方式
问卷调查	跨文化能力量表	期初、期末	本科生班共回收23人的有效前测问卷，20人有效后测问卷；研究生班回收8人前后测有效问卷	跨文化能力前后测	信度检验、配对t检验
	课程评价和反思问卷	期中	本科生班2次，共回收有效问卷32份；研究生班2次，共回收有效问卷14份	考查学生学习情况，调查满意度	描述性统计分析
	课程满意度问卷	期末	本科生班共回收有效问卷19份；研究生班有效问卷8份	调查课程满意度和相关意见反馈	描述性统计分析
课堂观察	课堂录像、照片	每节课	本科生班7次；研究生班12次	三角验证：记录教学活动实施及学生课堂表现情况	补充性材料
	课堂观察文字记录	每节课	本科生班7次；研究生班12次	三角验证：观察教学活动实施及学生课堂表现情况	补充性材料
课程相关资料	研究者反思报告	每两周	8次	三角验证：课堂效果评价及教学设计改进建议	补充性材料
	学生反思日志	期中	本科生班3次，共58份；研究生班4次，每次32份	考查学生学习情况，评价教学效果	主题分析/内容分析
	学生课堂活动材料	每次活动后	本科生班7次；研究生班12次	三角验证：考查学生课堂活动情况	补充性材料

表4-1

收集方法	工具/形式	收集时间	数　　量	目　　的	处理方式
访谈	教师一对一访谈	课后、期末	本科生班教师7次，每次时长10分钟左右；研究生班教师12次，每次时长10-15分钟	教师的课堂效果评价、教学设计与《参考框架》改进建议、教师专业发展收获	主题分析
	学生访谈一对一或焦点团体	期初、期中、期末	本科生班和研究生班各1次焦点团体，4人，20分钟；各2次一对一访谈，每次10-15分钟	评价教学效果，调查满意度	

（注：以上所有数据都在研究对象知情同意的情况下收集、使用。）　　　　　表 4-2

3. 实验结果与讨论

3.1　整体教学效果

基于一学期的课堂观察，研究者发现课堂的整体氛围经历了从安静被动到生动活跃的积极变化。本科班和研究生班的学生在学期初的焦点访谈中均谈及过往英语课程的课堂经历让他们习惯期待以教师讲授知识为中心的教学模式，不过在几次文化讨论活动后，学生们逐渐适应了以互动为中心的主动学习模式。例如，一位同学在访谈中提到自己很喜欢课程的教学理念：

"我个人是很喜欢这种课程教学理念的，跟平常的英语精读课不一样，能有很多的互动，我自己能听得进去，比较认真。尤其是加入很多文化的探索和讨论，我感觉更有意思了，一点也不枯燥。"（S1）

另一位学生也在访谈中表达了自己对于跨文化探索活动的认可：

"我本身就对文化很感兴趣，课堂活动老师给我们看视频或者读材料然后讨论那些文化议题，这非常有意思。课堂上我们能用英语讨论这些事情，我觉得很好玩也有收获，大家讨论的氛围很好，整个课变得很有趣，我也有很多想表达的东西，而不是被动地听课。"（S7）

学期中课程评价问卷调查结果显示，学生们对于教学效果的整体评分（总分10分）都不错（见下页图1，图2），其中研究生班对活动主题和内容的兴趣度（10分）、课堂的氛围的均分（9.71分）相较本科生班（7.4分；7.8分）更高。这个差异的产生跟两门课程的具体教材使用以及文化活动的具体实施有关：本科生的基础英语课使用的是经典的《综合教程3》，传统教材内容主要以提升语言能力为目标，因此教师在完成教材中每单元固定的精读教学任务的基础上关联一个与单元主题相关的跨文化主题，进行补充教学并开展跨文化探索活动；而研究生班使用的是《大学跨文化英语综合教程2》，这套教材在编写时将语言教学与跨文化教学做了有机融合，设计了一系列融语言、思维、文化为一体的学习活动，因此更方便教师在教学的每一个环节实施相关跨文化探索活动，并提供一定的文化案例分析作为课堂补充学习任务，因此课堂活动的话题更加自然、形式更为丰富、内容更为深入。从学生对于自我课堂表现的自评平均分来看，研究生的课堂专注度和表现积极度会更高，这跟课堂人数也有一定的关系。因为研究生班只有8人，而本科生班有23人，而互动性很强的文化讨论活动在小班更能调动整体氛围，每位学生能得到的关注和表达机会也更多。

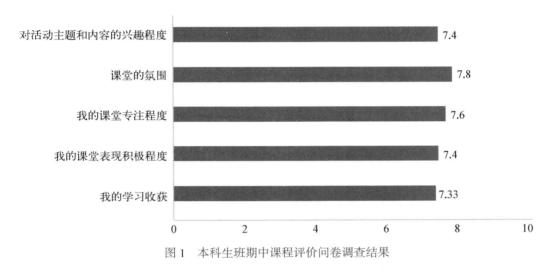

图1　本科生班期中课程评价问卷调查结果

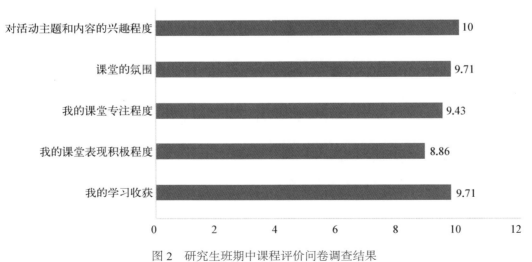

图2　研究生班期中课程评价问卷调查结果

在期末的课程满意度调查中，50%的本科学生表示印象最深刻且收获最大的课堂活动是小组角色扮演活动，尤其是以小组表演的形式模拟跨国婚姻情境故事及后续的探讨，让学生对文化差异有了较为真实的体验感。有几位同学在问卷中答道，角色扮演活动"让我在具体情境中设身处地地思考不同文化的差异和出发点"（S20），"让我主动思考一些跨文化的问题"（S4），"一方面加深了我对跨文化的理解，一方面给我机会表达又增强了我的英语表述能力"（S9）。此外，所有参与教学实验的研究生都认为一学期的跨文化英语课程增加了他们的文化知识并提升了他们对于文化多样性的理解；87.5%的人认为课程提高了他们对于文化差异的敏感度并鼓励他们进行批判性反思；75%的人认为课程使他们反思了文化刻板印象、偏见和歧视等问题；62.5%的人认为课程帮助他们提高了跨文化冲突管理能力，增强了对中国文化的认同感；75%的人认为通过这门课程自己的英语交流能力得到了提升（见图3）。总体而言，相较于传统的语言学习为主要目标的外语课堂，以跨文化能力培养为目标的课堂更能激起学生的探索兴趣，带来互动性更强的学习氛围，启发学生就贴近现实的文化话题做更多思考。

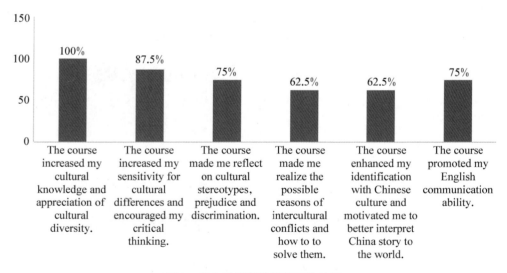

图3 学生对课程效果的评价结果

3.2 学生跨文化能力提升

3.2.1 跨文化能力前后测

为了从客观数据上检验跨文化外语教学的实施效果，研究者使用统计软件SPSS 23.0对学生跨文化能力前后测问卷数据进行了分析。结果表明，在本科班级中，问卷3个维度题项的Cronbach's alpha均大于0.7（前测认知理解α=.908；前测行为技能α=.9；前测情感态度α=.791；后测认知理解α=.897；后测行为技能α=.932；后测情感态度α=.777），说明量表信度较好。前测和后测的结果显示，学生在一学期教学实验实施后3个维度的跨文化能力均值都有所增加，配对样本t检验结果所有维度的变化都具有显著性（见表5），表明从统计学意义上来说跨文化外语教学活动对于这些学生的跨文化能力提升有效。

表5　本科班级跨文化能力前后测结果

跨文化能力 (N=20)	前　测		后　测		均值差	t	显著性（双尾）
	均值	标准差	均值	标准差			
认知理解	4.878	.881	5.800	.739	−.92	−5.536	.000**
行为技能	4.000	.894	5.145	.991	−1.15	−6.019	.000**
情感态度	5.250	.724	6.000	.597	−0.75	−4.903	.000**
总　　体	4.640	.778	5.602	.725	−0.96	−6.743	.000**

(*p < 0.05 **p < 0.01)

在研究生班级中，前测问卷3个维度题项的Cronbach's alpha均大于0.8（认知理解α=.907；行为技能α=.931；情感态度α=.917），说明量表信度高。后测问卷3个维度题项的Cronbach's alpha均大于0.7（认知理解α=.893；行为技能α=.804；情感态度α=.728），量表信度较好。前测和后测的配对样本t检验结果如表6所示。由于研究生班级的样本人数较少，所以对统计分析的结果会带来一定影响，但是我们仍然可以看到学生的后测数据相较前测在3个维度的均值都有所增长，总体跨文化能力变化具有一定显著性，行为技能层面的变化尤其具有显著性，这也进一步说明了本次跨文化外语教学实验一定程度上提升了这些研究生的跨文化能力。

表6　研究生班跨文化能力前后测结果

跨文化能力 (N=8)	前　测		后　测		均值差	t	显著性（双尾）
	均值	标准差	均值	标准差			
认知理解	4.847 5	.9 109	5.599	.825	−.75	−2.255	.059
行为技能	4.125 0	.9 254	5.387	.761	−1.26	−4.980	.002**

表6-1

129

跨文化能力 （*N*= 8）	前 测		后 测		均值差	*t*	显著性（双尾）
	均值	标准差	均值	标准差			
情感态度	5.107 5	.9 550	5.535	.784	−0.43	−1.039	.201
总　　体	4.693 3	.8 793	5.507	.734	−0.81	−2.633	.015*

（* $p < 0.05$ ** $p < 0.01$）

表 6−2

3.2.2　跨文化能力变化的质性实证

自测量表容易受到个体主观状态和环境条件的限制，测量的数据也只表明量化结果，不能反映过程，因此研究者也对其他的质性数据进行了分析，结果也表明基于《参考框架》的课堂活动有助于他们在跨文化能力方面产生积极的变化。

（1）从课堂观察和反思日志中可以看到学生在文化知识的了解广度和理解深度上有所进步。例如，学生们在一个时间观主题跨文案例分析活动后学习了人类学家霍尔对不同文化模式的时间观念分类，了解到中西方文化中对于时间相关的价值观念存在差异，当教师让学生对多向时间制（monochronic time orientation）和单一时间制（polychronic time orientation）进行评价总结时，课堂上的师生对话记录如下：

T: "How do you think of the time orientation models proposed by Hall? Do you think this theory convincing?"

S16: "I like the theory. I think it explains many behaviors, especially the case we just read about the conflict between the Brazilian employer and his American boss. When you have different time orientation, you behave differently which is a cultural thing."

S12: "Yes. I agree with him. And culture has no right or wrong. People may have different time orientation. But we cannot judge them according to our own culture or our own rules. Because it may be efficient for one, but inefficient for the other."

S7: "But I have a question. I think the theory would easily divide people into two types, like we are either P-time or M-time. For me personally sometimes I'm more a P-time person, while at other times I'm more a M-time person. For example, I would play video games or watch TV while having meals. But when I do homework for school, I would focus on doing one. It's complicated in real life."

T: "That's a good point! Cultural is dynamic and we should avoid dialectical thought. Be careful of cultural essentialism."

从这段课堂讨论中可以看出，学生能运用学习到的跨文化理论概念帮助解释文化冲突案例情境，能够认识到文化的多样性，理解文化差异的存在和影响。也有学生意识到文化的复杂性，即使同为中国文化模式下的人或者在不同情境下的同一个人也可能会有不同的时间观念和行为倾向。这说明学生在跨文化活动中能联系现实生活对现有的理论知识做出批判性反思。这样的课堂讨论非常有深度，教师最后的总结也能让学生进一步提升自己的文化意识，逐渐形成多元文化视角。

学生上交的反思日记也展现了他们在文化认知和跨文化敏感度上的变化。例如，一位学生在学习生词"stereotype"时，他突然意识到自己原来日常生活中也会形成一些刻板印象，写道：

"The word 'stereotype' was introduced in this class. I never thought I would stereotype people. I recalled that at the beginning of the first class, when I saw the teacher getting in the classroom, I was shocked by the teacher who is a really young and beautiful girl. That may reflect my stereotype of English teacher who was a kind middle-aged female teacher with curly hair. I feel like I understand myself better now. And I learned some new words like stereotype, prejudice, bias and discrimination and their different meanings. It helped me understand deeper about people's behaviors." (S22)

另一位同学在反思日记中谈到自己的对黑人群体带有偏见的情感态度，虽然偏见无法立刻消除，但是他对自身有了客观的认识，意识到自己的偏见和可能造成的歧视行为是不对的，也意识到了应该平等地对待每个人类群体。

"We watched a film clip and discussed how the word 'nigga' may offense black people, and we learned that some behaviors would be considered as discrimination by people of different cultural groups. I realized that I may have unconsciously discriminated black people in some way. As for the reason, because I heard in the news there are many black people who commit crimes, which makes me feel angry, and I grow a prejudice towards black people and

I didn't like those people in China. Even if I cannot remove my prejudice right now, I know race discrimination is shameful and wrong. I have to learn to respect people of any color because we are all human being."（S8）

（2）通过跨文化案例分析和探讨，学生的中国文化身份认同和全球意识得到了增强。在一次课堂活动中，教师让学生观看了马里兰大学中国留学生杨舒平的毕业演讲，然后让同学们分享自己的感受。由于这位杨同学的演讲中几次提到的中国文化相关内容有违事实，学生们在看完视频后表达了自己的"生气""难过""同情""不舒服"等情绪："她说到戴口罩，对美国大学的一味赞扬和对中国的贬低让我很生气"，"她的迎合的笑容让我感到难过，很不舒服"，"我来自云南，但是我不认可她说的那种话，我觉得她所说的有关空气和环境的话让我感到很羞愧，她给中国的环境污名化了"，"我听她说我们中国言论不自由的时候，我觉得很可悲。西方也有对言论的控制，真正的自由是什么，我觉得西方的定义并不就是对的"……这些情绪背后也反映了同学们自身对于中国文化的理解和认同。在这样的讨论过后，教师再引导学生带入留学生角色，让他们思考应该如何向当地人介绍自己的文化故事，在遇到文化差异和冲突时，又应该如何进行解释。

有同学在反思日志中提到教师在课堂上有关身份认同的跨文化案例和故事分享，引发了他对自己的身份反思。他在日志中对自己提问，这是很好的一个反应，其实反映了学生文化身份意识的增强。

"When the teacher talked about identity and assimilation today, I thought I lot. I don't know life abroad very much but when she made an example about the word 'ya' in Shanghai dialect, I realize that I am accustomed to use 'ya' in my daily life, which I don't say in my hometown dialect. This makes me to think a lot. What's my real identity? Which kind of person I want to become? If I was the girl in the videos, would I do better than her?"（S12）

在课后的小组访谈中，一位同学提到自己通过课堂活动意识到正面传播中国文化，讲述中国故事的必要性。

"虽然我没有去国外生活过，但讨论的时候让我想起我自己以前看的美剧里面出现的那些文化差异和冲突，就重新有了理解，我们如果在国外，代表的是我们中国的文化，有了这个身份，我们就有责任要去讲好我们中国人的故事，让外国人真正了解我们，尊重我们。"（S15）

（3）学生在一系列的活动和任务中既锻炼了口语表达，也提升了分析和解决问题的能力，并且发展了对文化进行自主探索研究的意识和能力。例如，在角色扮演活动中，有一次活动要求表演中国父母和美国女婿的文化沟通冲突，每个小组内部分工扮演不同的角色，在教师提供的情景和故事框架内自己编写英文剧本，这时候学生们会去研究他们所扮演的不同文化不同群体的人会有什么样的价值观，会怎么表达。每一小组编写的对话、表演的风格以及主角对矛盾冲突的处理方式都有所不同，表演结束后大家一起再进行深层次讨论，分析出现的问题并提出不同的解决建议。在活动结束后的反思总结中，大家都谈及了自己的收获。其中一个小组的总结如下：

> "这次角色扮演我们做了很多前期准备，我们各自选角、写词、背词，小组讨论剧情，修改小剧本，并且还进行了一次线下排练。虽然表演时间不长，但我们在这个过程里锻炼了口语，小组间的协作能力也在加强。另外我们也充分理解了在跨文化交流的大背景下，人与人之间该如何相处，遇到矛盾该如何处理。有时候内部解决不了，需要外部援助，因为很多时候需要第三方也就是客观的一方来协助解决。总的来说，没有什么问题是沟通和理解解决不了的，但是必须要有意识、有方法。设身处地、换位思考是当下人际相处的必要条件。"（S8）

另一个例子，在本科班探讨饮食的话题时，教师带领学生做了一个"报菜名"的小游戏，然后在学习饮食相关的英文生词时，让他们观看了两个纪录片片段，了解中国食物在美国流行的历史，以及一些经典名菜的命名故事。一个学生在课程反思问卷中评价到这个活动，写道：

> "讲到食物那一单元时还挺有意思的。我们可能知道某道菜的中文名字/英文名字，却不知道其实一个小小的名字里面有很大的历史渊源，这些都是值得去调查了解的。我自己课后就去查资料，又看了一些纪录片，很有意思。"（S11）

从这位同学的反馈可以看出，课堂的纪录片观看和教师的引导让她对具体的文化细节故事产生了兴趣，并且有了自主文化研究意识。在本次教学实验中，每个单元教学前warm-up环节都设置了学生展示（presentation）环节。教师鼓励学生结合自己的专业背景和个人经历，就本单元的跨文化主题提前在课前自行探索研究。在研究生班课上，一位金融专业的学生在非语言交际教学主题单元做了题为"non-verbal communication in stock market"的展示，介绍了中美股市走势图中红色和绿色相反的颜色意义以及背后的文化含义。教师在学生展示之后，让学生进一步深究（debriefing），也联系了教材中爱尔兰文化里 St Patrick's Day 戴绿帽子的风俗，提及有关颜色的文化差异问题。班上另一位金融专业的同学随后也分享了他学习和总结的一些期货市场专用手势语言，与生活中的常见手势语言进行了对比，引起了班级同学们的兴趣和激烈的讨论。一位同学（S5）在访谈中提到自己之前没有想过要从文化的视角去研究自己的专业学科领域，"这个 presentation 的机会特别好，老师启发我自己去做了研究，然后讲给大家听，我觉得很有成就感！"

3.3　教师的评价和反思

研究者对参与教学实验的两位教师的访谈数据进行了主题分析后，呈现出 3 个主题：(1) 教学效果；(2) 教材使用；(3) 对《参考框架》的评价和建议。

首先，就教学效果而言，两位教师都表示随着教学活动的开展，课堂的互动氛围越来越好，课堂讨论也不仅停留在表面的文化现象学习，而是有联系实际的分析和比较深层次的反思。虽然最开始两位教师都对教学实验有一定的担心，害怕活动任务对学生的思辨要求过高，无法调动起课堂氛围和讨论的深度，但最后的事实证明以跨文化能力培养为目标的教学理念是受学生喜欢的，大学生的认知和思维能力也完全能够胜任较为复杂的文化学习任务。

"我之前上课还是比较传统的那种讲语法词汇、精读文章为主，然后有时候也会补充一些文化知识讲解，没有试过系统地做跨文化探索活动。其实一开始我很怕给学生增加负担，因为很多活动的设计要求学生进行阅读、思考，在课堂上有很多讨论。我没想到学生其实还挺喜欢做活动的。"（T1）

"学生有时候给出的反应，还有讨论时提出的观点，还挺出乎我意料的。比如有一个学生看到我给的活动材料里要求学生对一些行为排序，提示是 'from most approve to least approve'，这个学生就提问说这个提示里是否隐含了必须要 approve 这些行为的方向引导，是不是可以改成 'from strongly disagree to strongly agree'？我觉得学生能够这样批判性地去审视活动材料，其实反映了他们真的在用心思考，也愿意表达。"（T2）

两位教师也都还在访谈中提到了课堂活动的互动氛围和学生的积极反馈也提高了她们作为教师的自我效能感。从这个角度来说，教师很大程度上也是教学活动的受益者。

"我也挺喜欢现在这种氛围的，尤其今天小组讨论，大家都有很多想要表达的，而且按照活动的步骤，都能达到教学目标，学生能讨论到点子上，让我觉得这种教学活动很有意义。我自己也能有很多反思，会产生一些新的有关教学活动的想法，我也越来越喜欢教这个课了。"（T1）

"我看了学生写的自我评估作文，他们能用英文回顾课堂活动收获，反思自己的经历，我读起来也觉得很有劲的……好多同学还写了我在课堂上说的哪个句话或者哪个举例给了他们启发，写了对老师的感谢，我还挺感动的，感觉做老师真的很有意义和价值。"（T2）

其次，在教材的使用方面，两位教师也重点强调了教材内容的跨文化话题性及配套的补充材料对于文化教学活动实施效果的影响。本科班的教师在课后访谈中多次提到了使用传统教材带来的局限性。因为教材中的阅读文章和课后练习中缺少跨文化视角的相关活动，因此教师必须尽可能利用教材内的主题进行发散，然后加入课外的材料配合开展跨文化探索活动。

"这相当于重新开发教材了……其实很考验老师自己对于跨文化话题熟悉程度以及对相关理论的理解掌握，挺花费时间精力的。我如果不是因为参与教学实验，有你（研究者）一起设计活动，帮我提供这么多素材，可能就没有这么顺利了。"（T1）

而研究生班的教师因为使用了《大学跨文化英语综合教程2》作为主要教学资料，在课堂活动的跨文化话题以及活动形式的丰富度上有更多的选择。这位教师在课后访谈中也多次提到教材的合适性帮助她节省了很多时间，整个课程的内容安排上也更具系统性。不过，她认为除了教材里的内容外，还是需要为学生补充一些课外的素材，一方面要考虑话题的时效性，需要让学生们有机会探讨和思考当下社会上的重要文化议题，另一方面，要考虑教学任务的深度，需要为学生们补充一定的跨文化理论概念，并提供一些跨文化案例材料让他们进行分析。

"教材里的活动其实都很好，不过因为我教的是研究生，我觉得还是有必要让他们在文化表象和理论抽象层面都有所学习和思考，所以书本里的材料和课外补充的材料一定要认真选择好，每个材料使用的方式方法也不是单一的，关键是有具体的活动设计，要明确好教学活动每一步的目标，才能最大程度地利用好教材。"（T2）

最后，两位教师均对《参考框架》给出了积极的评价，认同《参考框架》对教学活动设计和教学方法选择的系统性指导意义。因为《参考框架》明确了学生在外语学习中可以发展的跨文化能力目标，教师就能朝着具体的目标实施教学活动，灵活调整教学方法、教学内容，所有的教学活动安排都有合理的参考依据，而非随机性或机械性的教学行为。此外，两位教师也对现有的《参考框架》大学学段目标描述提出了一些建议。本科班的教师在期末访谈中讲道：

> "我觉得教学参考框架划分的能力目标层面很清晰，不过目前我教的班级里学生的外语水平参差不齐，虽然他们的思维能力都不错，但是语言能力在一定程度上会限制他们的表达，也许可以在教学参考框架中针对不同的语言水平层次再做一些目标细分，或者提供一些合适的跨文化话题或活动素材作为参考。"（T1）

研究生班的教师在期末访谈中讲道：

> "目前参考框架中的这些大学生阶段的能力目标在实际教学中我感觉基本都可以通过合理的教学活动来实现的，但是因为参考框架中有很多层面的具体目标，这些目标下的教学设计和活动安排是否有优先级或者活动体量上的差异？可能因为我教的是研究生，我觉得开展跨文化探索活动是我把情感态度层面的目标放在首位的，不知道这样的理解对不对。我觉得参考框架里也可以进一步做出解释。"（T2）

两位教师还指出，参与这次教学实验，学习运用《参考框架》对她们而言最重要的意义是转变了教学的理念，教师的角色从语言知识讲授者变成了话题引导者、活动协调者、思考启发者和资源提供者，《参考框架》很大程度上帮助了他们在这些角色中把握好教学方向。

4. 结语

由于目前的《参考框架》是针对小学、初中、高中、大学四个学段的一个整体性参考框架，所以并没有在具体学段内部细分发展阶段和能力目标。这样的形式也给了教师在教学设计上一定的自主空间。学生的情况、教材的资源、教师的能力都不是既定的，我们也无法制定详尽的参考大纲来指导每一步教学细节。但是我们通过这次教学实验，验证了第3版《参考框架》的适切性，后续也针对一些具体的条目进行了修改。同时我们也检验了跨文化外语教学的效果，并收集了一系列成功的教学活动案例作为对《参考框架》的补充和解释。

参考文献

［1］ American Council on the Teaching of Foreign Languages (ACTFL). *NCSSFL-ACTFL Can-Do Statements*［EB/OL］. 2017. https://www.actfl.org/resources/ncssfl-actfl-can-do-statements.

［2］ Australian Curriculum, Assessment and Reporting Authority (ACARA). *Intercultural Understanding Learning Continuum*［EB/OL］. 2016. https://www.australiancurriculum.edu.au/media/1075/general-capabilities-intercultural-understanding-learning-continuum.pdf

［3］ Barab S & Squire K. Design-based research: Putting a stake in the ground［J］. *Journal of the Learning Sciences*, 2004, 13(1): 1-14.

［4］ Council of Europe (COE). *Common European Framework of Reference for Languages: Learning, Teaching, Assessment: Companion Volume with New Descriptors*［EB/OL］. 2018. https://rm.coe.int/cefr-companion-volume-with-new-descriptors-2018/1680787989

［5］ Deardorff, D. K. Identification and assessment of intercultural competence as a student outcome of internationalization［J］. *Journal of Studies in International Education*, 2006, 10(3): 241-266.

［6］ Deardorff, D. K. Exploring interculturally competent teaching in social sciences classrooms［J］. *Enhancing Learning in the Social Sciences*, 2009, 21, 1-18.

［7］ Huang, L. D. Developing intercultural communicative competence in foreign language classrooms — A study of EFL learners in Taiwan［J］. *International Journal of Intercultural Relations*, 2021, 83, 55-66.

［8］ OECD. *Preparing Our Youth for an Inclusive and Sustainable World: The OECD PISA Global Competence Framework*［EB/OL］. Paris: OECD Library, 2018. https://www.oecd.org/education/Global-competency-for-an-inclusive-world.pdf

［9］ 陈凡,何俊.新文科:本质、内涵和建设思路［J].杭州师范大学学报(社会科学版), 2020, 42(01): 7-11.

［10］高一虹,程英,赵媛,周燕.英语学习与自我认同变化——对大学本科生的定量考察［J］.外语教学与研究,2003(02): 132-139, 161.

［11］高一虹,周燕.英语学习与学习者的认同发展——五所高校基础阶段跟踪研究［J］.外语教学,2008(06): 51-55.

［12］刘建军."新文科"还是"新学科"?——兼论新文科视域下的外国文学教学改革［J］.当代外语研究,2021(03): 21-28, 2.

［13］罗梦超.初中跨文化英语教学的设计、实施与评价研究［D］.上海外国语大学,2020.

［14］张红玲.跨文化外语教学［M］.上海:上海外语教育出版社,2007.

［15］张红玲,姚春雨.建构中国学生跨文化能力发展一体化模型［J］.外语界,2020(04):35-44, 53.